Kim Ritter | Heinz-Jürgen Voß

Being Bi

Bisexualität zwischen Unsichtbarkeit und Chic

Hirschfeld-Lectures

Herausgegeben von der
Bundesstiftung Magnus Hirschfeld

Band 13

Kim Ritter
Heinz-Jürgen Voß

Being Bi

Bisexualität zwischen Unsichtbarkeit und Chic

WALLSTEIN VERLAG

Bibliografische Information der Deutschen Nationalbibliothek
Die Deutsche Nationalbibliothek verzeichnet diese Publikation in der Deutschen Nationalbibliografie; detaillierte bibliografische Daten sind im Internet über http://dnb.d-nb.de abrufbar.

www.wallstein-verlag.de
Vom Verlag gesetzt aus der Stempel Garamond und der Myriad
Umschlaggestaltung: Marion Wiebel, Friedland
Druck und Verarbeitung: Hubert & Co, Göttingen

ISBN 978-3-8353-3402-1

Geleitwort
der Reihenherausgeberin

Mitte Februar 2019 meldete die *Süddeutsche Zeitung* auf ihrer Panorama-Seite: »Dolly Parton, 73, US-Countrysängerin, hält Wörter wie ›bisexuell‹, ›pansexuell‹ oder ›geschlechtsflexibel‹ für Modebegriffe. ›Manchmal denke ich, es ist irgendwie angesagt, sich so zu nennen‹, sagte sie der *Sun*. ›Ich denke, einige sagen sogar, sie seien mehr, als sie wirklich sind. Sie wollen einfach Teil dieser Bewegung sein.‹ Sie selbst sei beim Thema Geschlecht ›vom alten Schlag‹.«

Diese Aussage zum Thema Bisexualität von einer Frau, die gemeinhin als *gay icon* angesehen wird, erstaunt nicht. Sie weist vielmehr auf ein grundlegendes Problem, mit dem sich Bisexuelle konfrontiert sehen: Einerseits sind sie in der Alltagswelt und in Community-Debatten kaum als solche sichtbar. Bezeichnen sie sich aber selbstbewusst als bisexuell, wird ihnen zuweilen der diskriminierende Vorwurf gemacht, dies sei »nichts Halbes und nichts Ganzes«, sie würden sich nicht »entscheiden« oder dies nur um des bloßen Aufmerksamkeitseffektes tun.

Die auffällige Stellung von Bisexualität zwischen Unsichtbarkeit und Chic war für die Bundesstiftung Magnus Hirschfeld Anlass, sich in ihrer siebenjährigen Geschichte erstmals dezidiert mit bisexuellen Fragestellungen zu beschäftigen. Am 12. Oktober 2018 fand in Kooperation mit *BiNe – Bisexuelles Netzwerk e.V.* die 13. Hirschfeld-Lecture in Nürnberg statt, bei der das Thema aus zwei Blickwinkeln beleuchtet wurde, die in diesem Band präsentiert werden: Heinz-Jürgen Voß stellt theoretische Zugänge zu Fragen geschlechtlicher und sexueller Entwicklung vor und beschäftigt sich aus einem kultur- und sexualwissenschaftlichen Blickwinkel mit Bisexualität. Ausgehend von lebensgeschichtlichen Interviews diskutiert Kim Ritter unter einer soziologischen Fragestellung die alltäglichen Lebensentwürfe und Erfahrungen bisexueller Menschen zwischen Anerkennung und Missachtung.

Wir danken allen, die an der Veranstaltung und dieser Publikation beteiligt waren. Insbesondere danken wir *BiNe* für die wertvolle Unterstützung und die bereichernde Zusammenarbeit – Frank Thies, der auch die Einleitung zu diesem Band beigesteuert und die Veranstaltung zusammen mit Esther Schwarz moderiert hat, Dana Wetzel, Thilo Wetzel, John Poltermann, Herbert Hacker, Christian Jaeger und Christoph Mühlbach – sowie unseren direkten Kolleg_innen in der Bundesstiftung Magnus Hirschfeld Christine Welack und Franziska Kohse für die organisatorische Hilfe. Ein besonders herzlicher Dank gilt unserer Kollegin Kristina Hens, die das gesamte Veranstaltungsmanagement betreut hat.

Magnus Hirschfeld hatte 1914 in *Die Homosexualität des Mannes und des Weibes* geschrieben: »Besteht neben der Zuneigung zum eigenen keine sexuelle Abneigung gegen das andere Geschlecht, ziehen also Personen beiderlei Geschlechts an, so sprechen wir von Bisexualität, innerhalb derer die homosexuelle oder heterosexuelle Komponente das Übergewicht haben kann.« Daraus leitet sich letztlich die für Hirschfeld zentrale Theorie der sexuellen Zwischenstufen ab. So mag diese Hirschfeld-Lecture im 150. Geburtsjahr des Namensgebers auch als kleiner Beitrag zu dessen umfassendem sexualemanzipatorischen Denken angesehen werden.

Daniel Baranowski und Carolin Küppers
Wissenschaftliche Referent_innen für Kultur, Geschichte, Erinnerung und Gesellschaft, Teilhabe, Antidiskriminierung der Bundesstiftung Magnus Hirschfeld

Einleitung
Bisexualität zwischen Unsichtbarkeit und Erfüllung

Bisexualität ist eine eigenständige sexuelle Orientierung und Identität, und dennoch werden Bisexuelle trotz einer in den vergangenen Jahren erfolgten größeren Anerkennung immer noch kaum ernst genommen sowie Bisexualität selbst ganz infrage gestellt, gleichermaßen aus der Perspektive von Heterosexuellen wie aus der von Homosexuellen. Darüber hinaus gibt es Auseinandersetzungen unter dem »bisexuellen Regenschirm« (Shiri Eisner), in denen sich die Positionen von Pansexuellen und Bisexuellen zuweilen gegenüberstehen.

Wie bei anderen sexuellen Orientierungen auch empfinden Bisexuelle ihre eigene Sexualität als bereichernd und schön, nehmen sich durchaus als Brücke zwischen Hetero- und Homosexuellen wahr und machen darauf aufmerksam, sich gegebenenfalls besser in ein anderes Geschlecht hineinversetzen zu können. Die Beschäftigung mit dem Thema sollte also sowohl die Diskriminierung bisexueller Menschen als auch deren Errungenschaften und Lebenssituationen berücksichtigen.

Die Bi-Aktivistin Robyn Ochs definiert ihre Bisexualität so: »I call myself bisexual because I acknowledge that I have in myself the potential to be attracted – romantically and/or sexually – to people of more than one sex and/or gender, not necessarily at the same time, not necessarily in the same way, and not necessarily to the same degree.« (»Ich bezeichne mich selbst als bisexuell, weil ich anerkenne, dass ich in mir das Vermögen habe, romantisch und/oder sexuell – nicht zwangsläufig zur gleichen Zeit, nicht zwangsläufig auf die gleiche Art und nicht zwangsläufig in gleichem Ausmaß – von Personen angezogen zu sein, die mehr als eine geschlechtliche Identität haben.«) Diese Definition deutet bereits an, wie vielfältig bisexuelles Leben sein kann und gegen welche Vorurteile bisexuelle Menschen gegebenenfalls ankämpfen müssen.

Pansexuelle und Omnisexuelle fühlen sich ausdrücklich von allen Geschlechtern romantisch und/oder sexuell angezogen, für manche Pansexuelle spielt das Geschlecht beim Verlieben keine Rolle. Polysexuelle fühlen sich von mehreren, aber nicht notwendigerweise allen Geschlechtern angezogen. Weitere sexuelle Identitäten sind heteroflexibel (im Wesentlichen heterosexuell mit kleinem homosexuellen Anteil), homoflexibel (im Wesentlichen homosexuell mit kleinem heterosexuellen Anteil), fließend (keine statische sexuelle Orientierung), queer (von der Heteronormativität abweichende Lebensweise) und nicht monosexuell (ein Oberbegriff für alle, die nicht heterosexuell oder homosexuell sind).

Bisexuellenfeindlichkeit wird auch Monosexismus oder Biphobie (vgl. den Aufsatz von Kim Ritter) genannt, wobei letzterer Begriff aufgrund der problematischen Konnotation zu Krankheit von manchen abgelehnt wird: Es handelt sich dabei vielmehr um gruppenspezifische Diskriminierung, Hass, ein feindseliges Verhalten oder eine feindselige Einstellung. Bisexuelle sind von denselben Diskriminierungsarten betroffen wie Homosexuelle, vor allem wenn sie eine gleichgeschlechtliche Partnerschaft führen. Aber es gibt außerdem noch spezielle Diskriminierungsformen von Bisexuellen. Dazu gehören die Leugnung, dass Bisexuelle existieren, die Pauschalisierung der Polyamorie durch die Annahme, dass alle Bisexuellen nicht monogam lebten, die

Hypersexualisierung, nach der alle Bisexuellen zu jeder Zeit und mit jedem Menschen Sexualkontakte suchten, sowie das Vorurteil, dass Bisexualität nur eine Phase auf dem Weg zur Homosexualität (transitionale Bisexualität) oder zurück zur Heterosexualität (transitorische Bisexualität) sei. Mit teilweise sexistischem beziehungsweise misogynem Unterton werden Behauptungen vorgetragen, dass Bi-Männer eigentlich schwul wären und Angst vor dem Coming-out hätten und dass Bi-Frauen eigentlich heterosexuell wären.

Bisexuelle stehen nach den Ausführungen der Soziologin Surya Monro im Berufsleben vor besonderen Herausforderungen, weil sie oft sexualisiert werden. Ein weiteres Alltagsphänomen ist die Unsichtbarkeit von Bisexuellen. Wenn zwei Personen in der Öffentlichkeit Hand in Hand auftreten, geben sie ihre sexuelle Identität nicht zu erkennen. Sie wird jedoch reflexartig angenommen: Die Personen werden wahlweise als lesbisch, schwul oder heterosexuell angesehen, obwohl sie ebenso gut bisexuell sein könnten. Dazu kommt die Tendenz, dass Bisexuelle auch aktiv unsichtbar gemacht werden (*bisexual erasure*): Prominente wie die oben genannte Robyn Ochs oder die Schauspielerin Anna Paquin wurden in den Medien aufgrund ihrer Partnerschaften als lesbisch beziehungsweise ›wieder‹ heterosexuell bezeichnet, obwohl Ochs sich jahrelang für Bisexualität stark gemacht hat und Paquin bekräftigte, dass sie mit einer Heirat nicht ihre sexuelle Identität verliere. Ähnliche Fälle gibt es auch in Deutschland: Die Imamin Seyran Ateş beispielsweise, Initiatorin und Mitbegründerin der Ibn-Rushd-Goethe-Moschee in Berlin, weist in einem Vortrag vom November 2018 in Wien darauf hin, dass sie in den sozialen Medien als kinderlose Lesbe bezeichnet wird (was für sie freilich keine Beleidigung bedeutet), obwohl sie sich »erlaubt, zu lieben, wen sie will, unabhängig vom Geschlecht« und sich auf der Menschenrechtskonferenz der Grünen im Deutschen Bundestag im Dezember 2018 selbst als bisexuelle Mutter bezeichnet hat. Bei der sogenannten Ehe für alle wird in der Alltagssprache oft auch von Homo-Ehe oder Ehe für Schwule und Lesben geredet, obwohl Bisexuelle genauso von der Eheöffnung profitieren. Auch LSBTI*-Organisationen beschäftigen sich eher selten mit dem Thema Bisexualität. Wenig bekannt ist die Beteiligung bisexueller Personen in den Vorständen regionaler CSDs. Dass die »Mother of Pride«, Brenda Howard, bisexuell war, ist ebenfalls kaum geläufig (vgl. den Aufsatz von Heinz-Jürgen Voß).

Dass diese Formen von Ausgrenzung und Diskriminierung belastend für Bisexuelle sind, wird in Ritters Ausführungen deutlich, wenn sie anhand von Fallbeispielen Anerkennungskonflikte beschreibt: Die Vergangenheit von Bisexuellen wird von der Familie abgewertet, die sexuelle Identität in der Gegenwart missachtet, weil nun ein_e gegengeschlechtliche_r Partner_in auftaucht. Ritter redet hier von spezifischen Diskriminierungserfahrungen Bisexueller.

Dass Bisexuelle eigentlich keine Minderheit sind, sondern in vielen Studien (von Alfred C. Kinsey in den 1940er Jahren bis zu aktuellen des Meinungsforschungsinstituts YouGov – die Erhebung in Deutschland wurde durch den Verein *BiNe – Bisexuelles Netzwerk e.V.* auf der Webseite www.bine.net/bijou erstmalig veröffentlicht) nachgewiesen wurde, dass zahlreiche Menschen als bisexuell zu beschreiben wären, erläutert Voß in seinem Aufsatz. Er beschreibt allerdings auch die konstitutionelle Bisexualität als das Potential eines jeden Embryos, sich sowohl in weiblicher als auch in männlicher Richtung entwickeln zu können. Schon im 19. Jahrhundert leitete Karl-Heinrich Ulrichs daraus auch für die Psyche ein bisexuelles Vermögen aller Menschen ab.

In einer nicht repräsentativen internetbasierten Umfrage von *BiNe* mit 189 Teilnehmer_innen äußerten sich viele Befragte positiv zu ihrer sexuellen Orientierung und bezeichneten ihre Bisexualität mit Begriffen wie »herzlich, offen, aufgeschlossen, jungerhaltend, bunt, schön, vollständig, leidenschaftlich, lustbetont, all-inclusive, wunderbar, frei, revolutionär und erfüllt«. Nur wenige Worte waren negativ besetzt (»eingeengt, unsicher, verwirrt, belächelt oder hin und her gerissen«).

Auf den Treffen von *BiNe* oder anderer lokaler Gruppen sind die hohe Akzeptanz und Sensibilität, Offenheit, Aufgeschlossenheit und Herzlichkeit gegenüber allen anderen sexuellen Orientierungen zu beobachten. Auch teilnehmende monosexuelle Partner_innen empfanden den offenen und gleichzeitig vertrauten Umgang als Zeichen großer gegenseitiger Wertschätzung. Das permanente Infragestellen von außen (und innen), aber auch die Überlegung, mit welchem Geschlecht man eine Partnerschaft eingehen möchte, zwingen Bisexuelle oft zu einer dezidierten Beschäftigung mit der eigenen geschlechtlichen Identität.

Voß empfiehlt analog zur schwul-lesbischen Bewegungsgeschichte eine Beschäftigung mit den Errungenschaften von Bi-Aktivist_innen. Ein gutes Signal für Bisexuelle könnte weiterhin deren stärkere Verankerung im politischen Bereich sein. Reden im Bundes- oder in Landesparlamenten zum Thema Bisexualität oder zur Situation Bisexueller, wie es sie zum Beispiel von der Senatorin Janet Rice im australischen Parlament gegeben hat, oder das Bekenntnis von Politiker_innen zu ihrer Bisexualität wären wünschenswert, schließlich gibt es zurzeit laut Wikipedia und www.ggg.at mindestens 15 lesbische oder schwule Bundestagsabgeordnete, aber keine bisexuelle Person dort –

ganz anders als in den USA, Großbritannien, Dänemark, Italien und anderen Ländern.

Bereits 2017 wurde in Schleswig-Holstein die Bi-Flagge am Sozialministerium gehisst. Im Rahmen des Projekts *Echte Vielfalt* brachte das Ministerium auch eine Informationsbroschüre zum Thema bisexuelle Sichtbarkeit heraus. Dabei zeigte sich eine gute Zusammenarbeit zwischen verschiedenen LSBTI*-Gruppen. Gemeinsamkeiten zu suchen und für gleiche Rechte zu kämpfen, sollte nicht nur innerhalb der LSBTI*-Community das Ziel sein, sondern auch innerhalb des bi+-Regenschirms, unter dem sich auch Pansexuelle, Polysexuelle, Omnisexuelle, Heteroflexible, Homoflexible, Queere, Fließende und andere Nicht-Monosexuelle positionieren können. Schließlich benötigen Bisexuelle auch die Zusammenarbeit mit heterosexuellen Verbündeten.

Eine wichtige Aufgabe bleibt zudem, in den Schulen Respekt und Akzeptanz zu befördern und über geschlechtliche und sexuelle Vielfalt aufzuklären. Hierfür stehen die Labels *Schule der Vielfalt* und *Schule ohne Rassismus – Schule mit Courage* oder das Projekt *SCHLAU* (in Hamburg *soorum*): In letztgenanntem engagieren sich ehrenamtlich junge LSBTI*-Menschen, um Schulklassen über das Thema aufzuklären. Doch nicht jede Klasse erreichen die Informationen; gerade bisexuelle und trans* Jugendliche benötigen Vorbilder und deren Mitschüler_innen Wissen, denn nur wenige bi- oder pansexuelle Jugendliche outen sich, und sie erleben nach einer US-amerikanischen Studie von Human Rights Campaign Gewalt und Ausgrenzung in einem stärkerem Ausmaß.

Neben dem Verein *BiNe* haben sich weitere Gruppen (zum Beispiel *Uferlos e. V.* in Köln, Bi & Friends HH in Hamburg oder *BiBerlin e. V.*) gebildet, die Unterstützung und Informationen, Erfahrungsaustausch und Stammtische für Bisexuelle anbieten. Regelmäßig erscheint das *Bisexuelle Journal* (*BiJou*), es werden bundesweite Treffen angeboten und die Präsenz von Bisexuellen beispielsweise auf CSDs gefördert.

Bislang gibt es – insbesondere aus Deutschland – immer noch wenige Studien zum Thema Bisexualität; in den USA bringt das *American Institute of Bisexuality* seit 1999 vier Mal im Jahr die wissenschaftliche Zeitschrift *Journal of Bisexuality* heraus. Der vorliegende Band ist in dieser Hinsicht ein weiterer kleiner Schritt auf dem Weg zu einer umfassenderen wissenschaftlichen Beschäftigung mit Bisexualität. Im ersten Teil beschreibt Heinz-Jürgen Voß aus kulturhistorischer Perspektive die Sicht auf und die Häufigkeit von Bisexualität im Laufe der Zeit. Voß geht dabei erst auf die konstitutionelle Bisexualität und die Auffassung Wilhelm von Humboldts, dass es keine reine Männlichkeit und keine reine Weiblichkeit gebe, ein. Im Folgenden werden die unterschiedlichen Ansätze von Sigmund Freud, Gunter Schmidt und Georg Groddeck diskutiert.

Im zweiten Teil untersucht Kim Ritter aus soziologisch-biografischer Perspektive mit Hilfe von qualitativen Fallbeispielen von Beziehungsbiografien, inwiefern Bisexuelle spezifischen Diskriminierungserfahrungen ausgesetzt sind. Sie kommt dabei zu dem Schluss, dass Bisexualität auf mehreren Ebenen abgewertet wird und ein bisexueller Lebensentwurf nicht auf die Summe von Erfahrungen Heterosexueller und Homosexueller reduziert werden kann.

»Love Knows No Gender« lautet der Leitspruch der Berliner Bi-Gruppe, und in diesem Sinne ist der Wunsch vieler Bi- und Pansexueller für die Zukunft, dass Liebe unabhängig vom Geschlecht akzeptiert und Bisexualität als eigenständige Identität sowohl von Hetero- als auch von Homosexuellen anerkannt wird sowie dass es mehr bisexuelle Vorbilder gibt, gerade weil sich viele Bisexuelle bislang nicht outen und auch Monosexuelle für gemischtorientierte Partnerschaften eintreten können.

Frank Thies,
BiNe – Bisexuelles Netzwerk e. V.

Heinz-Jürgen Voß

Bisexualität aus historischer und kulturwissenschaftlicher Perspektive – einige Schlaglichter

Im Anschluss an Sigmund Freud und seine Theorien der sexuellen Entwicklung geht man psychologisch und psychoanalytisch von der *konstitutionellen Bisexualität der Menschen* aus. Aber nicht nur aus diesen Perspektiven. Vielmehr ist diese Auffassung zur *Bisexualität* ein Fixpunkt, der sich in den entwicklungsbiologischen Betrachtungen seit 1800 zeigt, sich in den modernen Theorien zur Sexualität niederschlägt und schließlich auch in den Ausführungen zur *polymorph perversen* Grundstruktur des sexuellen Seins der Menschen auftritt. Auf dieser allgemeinen Grundlage des bisexuellen Daseins aller soll der Ausgangspunkt dieses Aufsatzes liegen. Daran schließen sich Ausführungen zur Bisexualität an, wie sie als Identität zwischen den Polaritäten *homosexuell* und *heterosexuell* gefasst wurde, eine Perspektive, die für die Selbstfindung von Menschen in einer sexuell streng gerasterten Gesellschaft nötig war, heute aber – etwa bei *BiNe*, dem *Bisexuellen Netzwerk e.V.* – in Richtung eines pansexuellen Verständnisses von Bisexualität weiterentwickelt wird. Dabei sollten die für die Selbstartikulation wichtigen Personen nicht auf der Strecke bleiben: Brenda Howard etwa ist als bisexuelle BDSMerin die Aktivist*in, die die Aktionsform der CSDs – für die Rechte von, heute würden wir sagen, LSBTIQ (Lesben, Schwulen, Bisexuellen, Trans*, Inter*, Queers) – auf den Weg gebracht hat. Von ihr, die im deutschsprachigen Kontext nahezu unbekannt ist, wird in diesem Beitrag abschließend die Rede sein.

Zur bisexuellen Konstitution in den entwicklungsbiologischen Auffassungen

Geht man auf die Ursprünge der Betrachtungen zur Biologie des Menschen hinsichtlich seiner Geschlechtlichkeit in der *modernen* biologischen und medizinischen Wissenschaft zurück – von *moderner* Wissenschaft spricht man im Allgemeinen seit der Zeit um 1800 –, so zeigt sich, dass die *konstitutionelle Bisexualität* jedes Menschen zentrales Thema war. Konstitutionelle Bisexualität bedeutet dabei, dass jeder Embryo zunächst das Potenzial habe, sich sowohl in weiblicher als auch in männlicher Richtung zu entwickeln und die Differenzierung erst infolge eines Entwicklungsprozesses stattfindet. Geschlecht wurde von den Wissenschaftlern[1] damit nicht einfach als *angeboren* wahrgenommen, sondern als Ergebnis eines Entwicklungsprozesses mit Schritten und beteiligten Faktoren. Bei den Betrachtungen spielte auch stets eine Rolle, dass die Auftrennung in ein klares *weibliches* und ein klares *männliches* Geschlecht sehr schwierig sei. Zumindest in der Embryonalentwicklung sei der Mensch weiblich und männlich zugleich; einige Betrachtungen gingen so weit, die *Bisexualität* – im Sinne einer *Doppelgeschlechtlichkeit* eines jeden Menschen – von der Geburt bis zum Tod zu postulieren.[2] Was mit einer solchen *dauerhaften Doppelgeschlechtlichkeit jedes Menschen* gemeint ist, wird etwa bei Wilhelm von Humboldt deutlich, der sonst für seine sprachtheoretischen Schriften bekannt ist und wesentlich in die Reformierung der Bildung in Preußen involviert war. In seinem Aufsatz *Ueber die männliche und weibliche Form*, der 1795 in der Zeitschrift *Die Horen* erschien, schreibt er:

»[R]eine Männlichkeit und Weiblichkeit auch nur aufzufinden, ist unendlich schwer, und in der Erfahrung schlechterdings unmöglich«.[3] Wiederum bezogen auf Geschlecht setzt er an späterer Stelle fort: »Von diesen beyden charakteristischen Merkmalen der menschlichen Gestalt, deren eigenthümliche Verschiedenheit in der Einheit des Ideals verschwindet, herrscht in jedem Geschlecht eins vorzugsweise, indes das andere nur nicht vermißt wird.«[4]

Humboldt entwickelt die Idealtypen *weiblich* und *männlich*, *reine Weiblichkeit* und *reine Männlichkeit*. Diese lädt er im benannten Aufsatz mit allerlei Erwartungen und geschlechterstereotypen Vorstellungen auf. Interessant ist nun aber, dass er zu dem Schluss kommt, dass diese Idealtypen niemals in *Reinform* bei Menschen repräsentiert seien, sondern dass diese stets eine Mischung der geschlechtlichen Ideale *weiblich* und *männlich* darstellen würden.

Manfred Herzer wies darauf hin, dass solche Vorstellungen um 1900 im Bildungsbürgertum bereits verbreitet waren, und vermutete, dass sie um 1800 aufgekommen seien.[5] Um 1900 wurden sie dann weithin diskutiert. Zwischen Wissenschaftlern fanden gar Streitigkeiten darüber statt, wer von ihnen zuerst solche Betrachtungen vorgenommen habe.

Magnus Hirschfeld, der sich an den Streitigkeiten beteiligte, indes keine Priorität beanspruchte, schrieb: »Es kann nicht oft genug wiederholt werden, daß schon zufolge der Erbgesetze diese Grundtypen im Grunde nur Fiktionen sind und daß, wenn ein Satz zu Recht besteht, es dieser ist, daß der Mensch nicht Mann *oder* Weib, sondern Mann *und* Weib ist.«[6] In seiner *Geschlechtskunde* betonte er: »*Geschlechtsunterschiede sind Gradunterschiede.* Es handelt sich immer nur um ein mehr oder minder, um ein kleiner oder größer, stärker oder schwächer, immer nur um ein relativ, nicht absolut Verschiedenes, nie um etwas, was *nur* dem einen, nicht aber auch dem anderen Geschlecht zukäme. […] Wer beiden Geschlechtern entstammt, [e]nthält beide Geschlechter vereint«.[7]

Die Prioritätsstreitigkeiten führen uns indes direkt zur psychologischen und psychoanalytischen Befassung und der Relevanz dieser Geschlechterbetrachtungen für Fragen der *sexuellen Orientierung*.

Das *sex* und die Psyche

»Die Psyche und *der Sex*« wäre sicherlich einigen der Lesenden als Abschnittsüberschrift gewohnter. Wissenschaftlich betrachtet geht es aber zunächst um das Geschlecht (englisch *sex*), um dann zu Fragen des sexuellen Umgangs zu gelangen. So wird – und das wurde wissenschaftlich wie populär vielfach dargelegt – unser heutiges Verständnis von Sexualität erst ab den 1860er Jahren formuliert.[8] Vorher gab es im Sexuellen nicht einmal Begriffe für *Homosexualität*, *Heterosexualität* und – dazwischen verorteter – *Bisexualität*. Diese bzw. zu ihnen ähnliche Begriffe kamen erst in den 1860er Jahren auf – zunächst mit Karl Heinrich Ulrichs, dann durch Károly Mária Kertbeny.

Karl Heinrich Ulrichs – der heute als Vorkämpfer für die Straffreiheit gleichgeschlechtlichen Sexes und Begehrens betrachtet wird – und an ihn anschließend weitere Protagonist*innen der Sexualreformbewegung stützten sich in ihrer Argumentation ganz bewusst auf die naturwissenschaftliche Auffassung einer *konstitutionell bisexuellen* (*doppelgeschlechtlichen*) geschlechtlichen Anlage. Sie beweise, dass bei jedem Menschen zunächst die Möglichkeit zur Ausbildung sowohl weiblicher als auch männlicher physischer und physiologischer Merkmale gegeben sei – und was für solche Merkmale gelte, dürfe für psychische Merkmale, insbesondere den *geschlechtlichen Trieb*, nicht geleugnet werden. Auch dieser habe das Potenzial, sich in *weiblicher* und *männlicher* Richtung auszubilden.[9]

Um 1900 gibt es dann Prioritätsstreitigkeiten um die Entdeckung der *konstitutionellen Bisexualität* – auch mit Blick auf die Psyche und damit die sexuelle Orientierung. Sigmund Freud ist bei diesen Streitigkeiten mittendrin, korrespondiert er doch mit allen Beteiligten – u.a. Wilhelm Fließ und Otto Weininger. In den aktuellen Betrachtungen zur Bisexualität wird auf die Aushandlungen Bezug genommen, wenn wir etwa auf das Buch *Bisexualität* von Charlotte Wolff (1977) sehen,[10] einen für die Fragestellung zentralen Band, der eine qualitativ-empirische Studie mit bisexuellen Frauen und Männern vorstellt. Freud nahm schließlich eine konstitutionelle Bisexualität an: Der Mensch sei nicht Mann oder Frau, sondern stets beides in ungleichmäßiger Mischung. Freud sprach sich dafür aus, dass sich das Individuum erst in der individuellen Entwicklung Sexualität und andere als geschlechtsspezifisch betrachtete psychische Merkmale aneigne.[11]

Die *Drei Abhandlungen zur Sexualtheorie* von Freud (1905) prägen die sexualwissenschaftlichen Auffassungen zur sexuellen Entwicklung bis heute. Nach seiner Auffassung bringe das Kind mit der Geburt bereits sexuelle Reize bzw. Möglichkeiten mit, die sich über Phasen – verbunden mit zwischenzeitlicher Sublimierung – weiterentwickelten. Dabei spielten orale, anale und genitale Körperregionen und Regungen eine Rolle; das Kind nutze sie auch, um Wohlgefühl und Lust zu gewinnen. Da »Scham, Ekel und Moral«, je nach Alter des Kindes, noch nicht entwickelt oder in Ausbildung begriffen seien, sei das Kind davon unbelastet und quasi probierfreudig.[12] Freud drückt diese *Probierfreude* mit dem Begriff der »polymorph perversen Anlage« aus.[13] Gunter Schmidt fasst in dem Band *Kindliche Sexualität* bündig, was damit gemeint ist. Die kindliche Sexualität »ist polymorph sinnlich, ziemlich unersättlich und durchläuft quasi naturhaft vorgezeichnete Phasen von den oralen Lüsten (Hautkontakt, Reizung der Mundschleimhaut, Lutschen, Saugen, Verschlingen, Zerbeißen) über die analen Lüste (Reizung der Analschleimhaut, Maximierung des Gewinns aus Zurückhalten und Loslassen) bis zu den phallischen Lüsten genitaler Stimulation.«[14] Erst im Zug der Sozialisation, der Erziehung und Erfahrung, kristallisiere sich eine an Vorstellungen von Ekel und Moral, bürgerlichen Geschlechter- und Sexualitätsvorstellungen geschulte Erwachsenensexualität heraus. Die Bedürfnisse blieben allerdings auch bei Erwachsenen erhalten, seien bei ihnen aber mehr oder weniger sublimiert (überformt) – im Sexuellen käme auch Sublimiertes mitunter zum Vorschein.

Wurden die Theorien Freuds weiterentwickelt – u.a. weil er im androzentrischen Zeitgeist vom »unkultivierte[n] Durchschnittsweib« schreibt,[15] das auf einer infantilen Stufe verbleibe, und weil er bei Mädchen kein positiv besetztes Genital ausführt, sondern insbesondere einen *Penisneid* feststellt, verbunden mit dem »wichtigen Wunsch [des Mädchens], auch ein Bub zu sein« –,[16] so werden seine Theorien dennoch weiterhin als bedeutende Grundlagen für ein Verständnis menschlicher Sexualität angesehen. Für das Thema Bisexualität sind die Ausführungen von Freud relevant, weil aus den Betrachtungen deutlich wird, wie sich auch die Wahl des Sexualobjekts erst im Zusammenhang sexueller Entwicklung – Erfahrung und Sozialisation – herausbildet.[17] Die Psychoanalytikerin Helene Deutsch setzte sich in ihren Arbeiten spezifisch mit der Situation von Mädchen und Frauen auseinander und stellte für die Zeit der Adoleszenz fest, dass das Mädchen »schwankt, ob es Männer oder Frauen liebt, und [es] pendelt zwischen beiden hin und her. Seine Bisexualität hat Konflikte und in manchen Fällen emotionale Instabilität zur Folge. Liebe und Haß gegenüber der auserwählten Person lösen einander in rascher Folge ab, da es dem Mädchen Schwierigkeiten macht, seine ›männlichen‹ und ›weiblichen‹ Komponenten zu integrieren.«[18] Die Adoleszenz erscheint so in gewisser Weise als Durchgangspunkt zu einer der Monosexualitäten. Deutsch, wie auch Freud, nahm an, dass sich gewöhnlich jeder Mensch nach der kindlich-jugendlichen *Phase* der Bisexualität für entweder die Hetero- oder die Homosexualität entscheide.[19]

Anders als Deutsch wendet sich die Analytikerin Karen Horney in ihren Arbeiten gegen Vorstellungen eines *Penisneids* bei den Mädchen – u.a. weil sie empirisch bei Kleinkindern vaginale Masturbation beobachtet hatte, so dass für die Mädchen auch die Vagina als lustvoll anzunehmen sei und, sofern man überhaupt einen *Penisneid* beschreibe, ihm ein *Neid* der Jungen auf die Brüste der Mädchen und ihre Fähigkeit, Kinder zu bekommen, entgegenstehe.[20] Stärker als Freud weist sie auf die Bedeutung gesellschaftlicher/soziologischer Faktoren für die sexuelle Entwicklung hin – bei ihm war, all seinen Hinweisen auf Erfahrung und Sozialisation zum Trotz, ein Triebgeschehen bedeutsam geblieben, das in weiten Teilen – zumindest in den *Drei Abhandlungen zur Sexualtheorie* – quasi naturhaft erscheint, wenn er ansonsten auch Entwicklungsprozesse fokussiert, die er stets zugleich als ein Stück weit offen ansieht.

In der psychoanalytischen Theorie wird die Bisexualität »als gegeben angenommen, aber ihr Sinn und Gewicht wurde von verschiedenen Analytikern auf verschiedene Weise gesehen«.[21] Georg Groddeck ging hier Anfang des

20. Jahrhunderts weiter als die bislang Genannten, indem er die Auffassung vertrat, »daß Bisexualität die natürliche Form der Liebe« sei und sie nicht nur in Kindheit und Adoleszenz die *normale* Sexualäußerung darstelle.[22] In *Das Buch vom Es* (1923) schreibt er: »Der Mensch ist bisexuell sein Leben lang und bleibt es sein Leben lang, und höchstens erreicht dieses oder jenes Zeitalter als Konzession für eine modische Sittlichkeit hier und da, daß bei einem kleinen Teil – einem recht kleinen Teil – die Homosexualität verdrängt wird, womit sie aber nicht vernichtet, sondern nur eingeengt ist. Und ebensowenig wie es rein heterosexuelle Menschen gibt, ebensowenig gibt es rein homosexuelle«.[23]

Sexuelles Verlangen: Erhebungen zu gleich- und andersgeschlechtlichen Erfahrungen

Groddecks Sicht eines grundlegend bisexuellen Charakters des sexuellen Handelns der Menschen zeigt sich beim Blick auf empirische Untersuchungen zur Sexualität bestätigt (wobei offen bleibt, als wie groß die Gruppe der *rein heterosexuellen* und der *rein homosexuellen* Menschen zu fassen ist). Norbert Reck hat in dem von mir herausgegebenen Band *Die Idee der Homosexualität musikalisieren: Zur Aktualität von Guy Hocquenghem* (2018) ein solches Verständnis des sexuellen Tuns unter Betonung des mitschwingenden Potenzials umrissen:

> Anstelle der »Homosexualität« das gleichgeschlechtliche Verlangen sehen zu lernen, kann einige überraschende neue Einsichten zutage fördern. Auszugehen ist von der bleibend gültigen Erkenntnis Freuds, dass gleichgeschlechtliches Verlangen keineswegs die spezifische

> Libido der eingrenzbaren Gruppe der »Homosexuellen« bezeichnet, sondern dass grundsätzlich alle Menschen – bewusst oder unbewusst – gleichgeschlechtliche Gefühle erleben. Und man kann hinzufügen: Natürlich erleben auch alle Menschen »heterosexuelle« Gefühle. Und das geschlechtlich unspezifische Bedürfnis nach Nähe. Nach Wärme und Schutz. Nach Beschützenwollen. Zudem erleben sie die Anziehung durch bestimmte Körperteile, knackige Hintern, breite Schultern, schöne Beine, Waschbrettbäuche, eckige Formen, runde Formen [...] Das Angesprochensein durch bestimmte Kleidung. Durch Gerüche. Das Verlangen nach bestimmten Körpersäften. Nach bestimmten Arten der Berührung. Nach Eindringen. Nach Durchdrungenwerden. Nach Haut. Nach bestimmten Arten von Haut, nach behaarter Haut, nach haarloser Haut [...] Je näher man hinschaut, desto vielfältiger wird das Bild der unterschiedlichen Formen des Verlangens. Je näher man hinschaut, desto deutlicher wird, dass Begriffe wie »Homo-« oder »Heterosexualität« extrem abstrakte, verallgemeinernde Begriffe sind, die höchstens an der Oberfläche etwas mit dem konkreten Verhalten und den Wünschen von Menschen zu tun haben.[24]

Und tatsächlich, geht man von den Betrachtungen schwulen Sexes aus, so zeigt sich die allgemeine Möglichkeit mann-männlicher Sexualität über die Grenzen der klaren Identifizierung als »schwul« hinweg, so wie es etwa in der 1981 erschienenen ersten Ausgabe des Stadtführers *Berlin von hinten* im Beitrag von Wilfried Eigeltinger in Bezug auf öffentliche Toiletten und ihre Bedeutung für mann-männlichen Sex zu lesen ist:

> Viele Klappengänger trifft man nie an anderen Orten schwuler Subkultur.
> Ein [Schwarzer], der mich mit nach Hause nahm, war in den USA verheiratet, hatte in Berlin eine Freundin und holte sich hin und wieder einen Mann von der Klappe.
> Ein Arbeiter mit herb männlicher Ausstrahlung (KFZ-Mechaniker), den ich von der Klappe zu mir nach Hause geschleppt hatte, wollte, daß ich ihm »innen Kanal ficke«. Hinterher erklärte er mir, er fände das manchmal ganz geil. […] Die Klappe ist also nicht einfach ein Ort schwuler Subkultur. Sie ist viel eher das Niemandsland zwischen Homosexualität und Heterosexualität, ein Ort heimlicher Grenzüberschreitungen. Er wird von der Polizei und ihren Zivilstreifen kontrolliert. Sexuelle Aktivitäten werden vom Personal der Stadtreinigung nicht selten aggressiv gestört. Notgedrungen geduldet wird Homosexualität nur, solange sie unsichtbar bleibt. Das namenlose »Es« treibt's dennoch. Die ausgesiedelte Wider-natur lebt lautlos und feiert den Verstoß gegen erzwungene Natürlichkeit, für Augenblicke befreit vom sozialen Rollenzwang, vom täglichen Terror zur Normalität. […] Das Tabu zwingt in die Anonymität.[25]

Was in den Beschreibungen von Eigeltinger deutlich wird und in den Betrachtungen zur Schwulenbewegung vielmals verkannt wurde, ist die Bedeutung des Sexes und der *Klappe* für Sex. Die *Klappe* und das Cruising verweisen gerade auf das Bedürfnis nach mann-männlicher Sexualität, auch von Personen, die sich ansonsten nicht als *schwul* identifizieren würden. Seit dem Film *Nicht der Homosexuelle ist pervers, sondern die Situation in der er lebt* von Rosa von Praunheim und Martin Dannecker (Letzterer lieferte den politischen Gehalt) wurden die Klappenbesucher in Teilen der Schwulenbewegung als unpolitisch betrachtet und – verächtlich – als *Pissbudenschwule* tituliert. Das galt auch hinsichtlich der Clubkultur, die von den Aktivist*innen ebenfalls als unpolitisch wahrgenommen und höchstens aufgesucht wurde, um die dortigen Männer für die Bewegung zu gewinnen. Elmar Kraushaar, ein Aktivist der Schwulenbewegung, führt entsprechend in einem Interview im Jahr 2007 aus:

> Gleich um die Ecke des »Trocadero« lag noch das »KC«, an der Kreuzung von Eisenacher und Kleiststraße. Kraushaar erinnert sich, wie er das erste Mal in das Lokal kam – im Zuge einer HAW-Aktion Mitte der 70er Jahre. »Ich war zum ersten Mal überhaupt in so einem Laden«, erzählt er. »Wir politischen Schwulen gingen schon aus Prinzip nicht in die Subkultur.« Kraushaar und ein Dutzend Gesinnungsgenossen enterten sofort die Tanzfläche, setzten sich auf den Boden, klopften mit den Fäusten einen Rhythmus und skandierten fünf Minuten lang »Schwule, raus auf die Straße«. Die anderen Gäste hörten auf zu tanzen.[26]

Aufhören zu tanzen als Ziel der radikalen Schwulenbewegung, um zu politisieren? Der einfache Sex auf der Klappe oder beim Cruising mag viel politischer gewesen sein – zumindest erscheint es so, wenn man auf die staatlichen Verfolgungen sieht, die sich gerade gegen ihn richteten und nicht etwa gegen die studentischen bzw. aktivistischen Homosexuellen-Treffen.[27] So wurden – und werden noch immer – gerade öffentliche Toiletten, die für Sex genutzt werden, aber auch Raststätten, die als *Klappen* dienen, kriminalisiert.[28] Aktuell werden Anstrengungen des Bezirksstadtrats Jörn Oltmann (Bündnis 90/Die Grünen) in Berlin Tempelhof-Schöneberg zur Kriminalisierung und Schließung von sexpositiven Läden kritisch diskutiert.[29]

Der Blick auf die mann-männliche Sexualkultur eröffnet die Perspektiven auf das Verlangen nach gleichgeschlechtlichem Sex, der auch bei heterosexuellen Männern vorhanden ist. Ob der Schwarze, der Arbeiter, der Angestellte (wobei die letzten beiden auch Schwarze sein können) – sie alle können an solchen anonymen Orten aufeinandertreffen, egal ob sie sich als *schwul* identifizieren oder nicht.

Nur bei einem kleinen Teil der Menschen führten Sozialisation und Erfahrung dazu, dass »die Homosexualität verdrängt wird«, davon war Groddeck überzeugt.[30] Und tatsächlich ergeben die größeren empirischen Untersuchungen zum Sexualverhalten der Menschen, dass eine große Zahl andersgeschlechtliche und gleichgeschlechtliche sexuelle Erfahrungen teilt. Für diese Aussage bekannt geworden ist der *Kinsey-Report*, eine soziologische Untersuchung, durchgeführt seit den 1940er Jahren von Alfred C. Kinsey. Auf Basis seiner Ergebnisse entwickelte Kinsey die folgende Skala, die sexualwissenschaftlich seinen Namen trägt: *Kinsey-Skala*. Darin wird auf einer Abstufung von 0 bis 6 das gleich- und andersgeschlechtliche Sexualverhalten der Befragten seit ihrem 16. Lebensjahr präsentiert:[31]

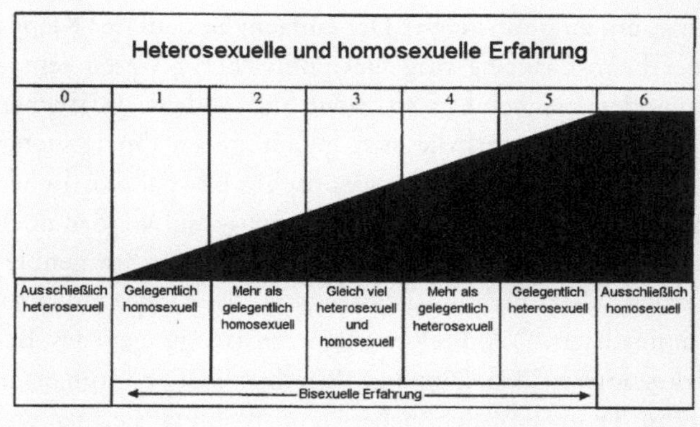

Kinsey-Skala

Kinsey ermittelte für Männer die folgenden Ergebnisse – zusammengefasst von Erwin J. Haeberle:

> 37% der gesamten männlichen Bevölkerung haben wenigstens eine reale homosexuelle Erfahrung bis zum Orgasmus zwischen Jugendzeit und hohem Alter; 30% aller Männer haben zumindest einzelne homosexuelle Erlebnisse oder Reaktionen (Werte 1-6 [auf der Kinsey-Skala, Anm. HV]) über eine Periode von mindestens drei Jahren zwischen dem Alter von 16 und 55 Jahren; 25% der gesamten männlichen Bevölkerung haben mehr als einzelne homosexuelle Erlebnisse oder Reaktionen (Werte 2-6) über mindestens drei Jahre zwischen dem Alter von 16 und 55 Jahren; 18% der Männer haben mindestens genauso viele homosexuelle wie heterosexuelle Erlebnisse oder Reaktionen (Werte 3-6) über mindestens drei Jahre im Alter von 16 und 55 Jahren; 10% der Männer sind mehr oder weniger ausschließlich homosexuell in ihrem Verhalten (Werte 5 oder 6) durch mindestens drei Jahre im Alter von 16 und 55 Jahren; 4% der weißen Männer sind ausschließlich homosexuell in ihrem Verhalten nach Beginn der Pubertät [...]. Da nur 50% der Bevölkerung als Erwachsene ausschließlich heterosexuell und nur 4% der Bevölkerung während ihres gesamten Lebens ausschließlich homosexuell in ihrem Verhalten sind, scheint es, daß sich fast die Hälfte der Bevölkerung als Erwachsene (46%) sowohl heterosexuell als auch homosexuell betätigt oder auf Personen beiderlei Geschlechts reagiert hat [...].[32]

Deutlich wird das breite Erfahrungsspektrum der Männer; für Frauen ermittelte Kinsey ebenfalls in größerem Maße sowohl heterosexuelle als auch homosexuelle Erfahrungen, wenngleich diese nur etwa halb so hoch wie bei den

Männern ausfielen. Möglicherweise hat das auch damit zu tun, dass erst im Zug feministischer Debatten seit den ausgehenden 1960er Jahren positiv besetzte Begriffe und Sichtweisen auf die Sexualität von Frauen möglich und gesellschaftlich breit verhandelt wurden.[33]

Sehen wir auf aktuelle Studien, so bestätigen sich die Ergebnisse von Kinsey. Auch heute haben junge Menschen in größerem Maß sowohl anders- als auch gleichgeschlechtliche sexuelle Erfahrungen, als es mit der klaren Identifizierung als *schwul* oder *lesbisch* zu beschreiben wäre. In der von Konrad Weller durchgeführten Partner-4-Studie zur Jugendsexualität in Ostdeutschland äußerten 42 Prozent der befragten Mädchen zwischen 15 und 19 Jahren, dass sie gleichgeschlechtliche sexuelle Fantasien hätten, 24 Prozent gaben auch entsprechende Erfahrungen an; bei den Jungen waren es 15 bzw. 9 Prozent,[34] ein geringerer Anteil, was mit spezifischen Männlichkeitserwartungen zu tun haben wird. Die YouGov-Studien aus den Jahren 2015 und 2017 bestätigen diese Ergebnisse. Sie zeigen in Bezug auf junge Menschen aus den USA, Großbritannien und Deutschland, dass sich jeweils ein Drittel beziehungsweise die Hälfte der Befragten als »nicht zu 100% heterosexuell« einordneten.[35] In Bezug auf die Befragten aller Altersgruppen bezeichneten sich in der Bundesrepublik Deutschland 52% der Befragten als »ausschließlich heterosexuell« und 5% als »ausschließlich homosexuell«, 38% der Befragten positionierten sich zwischen diesen beiden Extremen.[36]

Auch geschlechtlich zeigen sich in einer methodisch wegweisenden Erhebung diese Abweichungen: In einer nicht repräsentativen Studie haben Elisabeth Tuider und Kolleg*innen Jugendliche nach Erfahrungen mit Übergriffen befragt. Für uns ist dabei die Abfrage nach Geschlecht interessant, da Tuider et al. eine Skalierung von 1 bis 100 nutzten, auf der sich die Jugendlichen zwischen den Extremen »typisch Mädchen« und »typisch Junge« verorten konnten. Dabei ordneten sich 46% der Befragten in der Nähe der Extreme zu, die übrigen trugen sich in einem Abstand von mindestens 20 Punkten von den beiden Polen ein oder kreuzten die zusätzlichen Optionen »weder noch« bzw. »weiß nicht« an. Ohne das Ergebnis überstrapazieren zu wollen, gibt es doch einen Hinweis darauf, dass sich ein größerer Teil der Jugendlichen nicht von den Vorstellungen des »typischen« Mädchens bzw. Jungen repräsentiert sieht, wie sie etwa in den klassischen Biologielehrbüchern in Bezug auf die Pubertätsentwicklung zugrunde gelegt werden. Interessant ist dabei – und für Forschungen zu Grenzverletzungen und sexualisierter Gewalt bedeutsam –, dass diejenigen Jugendlichen, die sich als weniger typisch wahrnehmen, spezifische Verhaltensweisen (wie »Gerüchte über das Sexualverhalten anderer verbreiten« oder »sexuelle Sprüche über den Körper einer_s Jugendlichen machen«) eher als übergriffig wahrnehmen als solche Jugendlichen, die sich als »typisch« beschreiben.[37]

Ganz nebenbei wird aus den empirischen Betrachtungen deutlich, dass die aktuellen gesellschaftlichen Anstrengungen, achtsames Verhalten insgesamt sowie Toleranz und Akzeptanz gegenüber geschlechtlichen und sexuellen Minderheiten zu fördern, einer großen Gruppe oder gar der Mehrheit der heute Jugendlichen zugutekommt.

Zwischen Verlangen und Identität: Zu Möglichkeiten der Verortung Bisexueller

Die bisherigen Ausführungen geben den sexualwissenschaftlichen Forschungsstand zur Sexualität der Menschen wieder. Geschlechtlich geht man hier von einer bisexuellen Konstitution aus, wie sie zumindest im Embryo jeden

Menschen auszeichnet. Die sexuelle Sozialisation (sexuelle Entwicklung des Menschen) nehme ebenfalls ihren Ausgang bei einer bisexuellen Konstitution; einige psychoanalytische Arbeiten und die empirischen soziologischen Erhebungen weisen darüber hinaus darauf hin, dass sich das menschliche sexuelle Verhalten zumindest bei einer größeren Gruppe dauerhaft bisexuell darstellt. Auf einer solchen Basis erscheint es geradezu grotesk, dass die Position Bisexueller in der Gesellschaft so marginalisiert ist – wie Kim Ritter ebenfalls in diesem Band zeigt. Erklärlich wird das aus der Verfolgung homosexueller Akte sowohl bei den Männern als auch bei den Frauen. Wurde der Paragraf 175 des Strafgesetzbuches (StGB), der sich in Deutschland gegen mann-männlichen Sex richtete, in der BRD erst 1994 (in Angleichung an DDR-Recht) abgeschafft und findet erst jetzt die Rehabilitierung der nach diesem Paragrafen verurteilten Männer statt, so ist das Unrecht gegen die homosexuellen Frauen noch kaum im Blick. Noch in den 1990er Jahren konnte Frauen in der BRD das Sorge- und elterliche Umgangsrecht für ihre eigenen Kinder entzogen werden, wenn sie eine lesbische Beziehung eingingen.

Aus einer solchen gesellschaftlichen Situation heraus war das Streiten von Schwulen und Lesben für Toleranz und Akzeptanz gegenüber ihrem Begehren und ihrer Lebensweise wichtig. Klare Identifikation ermöglichte – und ermöglicht – gesellschaftliche Sichtbarkeit und gesellschaftliches Streiten. Andere Realitäten, wie der flüchtige Sex der Männer auf der Klappe, beim Cruising, in der Sauna sowie im Darkroom oder wie der Wechsel einer lesbischen Frau in eine heterosexuelle Beziehung, erschienen aus einer solchen Sicht als Anpassung an die gesellschaftlichen Verhältnisse und als *Verrat* der homosexuellen – der schwulen oder lesbischen – Sache. Schon 1978 beklagt

Martin Dannecker »eine neue Mystifikation der homosexuellen Wirklichkeit«,[38] die er auch in der Feststellung von Kinsey zur allgemeinen Verbreitung von gleichgeschlechtlichem Sex erblickt. Dannecker meint dabei, dass durch die Annahme einer verbreiteten oder allgemeinen Bisexualität die Homosexualität und ihre emanzipatorische Schlagkraft verlorengehen würden: Es

> ist jede Theorie der Homosexualität von entscheidender Bedeutung für das Selbstwertgefühl und die Selbstinterpretation der Homosexuellen. Was gemeinhin unter homosexuellem Selbstbewußtsein verstanden wird, ist nur ein Konglomerat aus Gegenbehauptungen auf die jeweils aktuellen oder virulenten antihomosexuellen Vorstellungen. [...] Da alle antihomosexuellen Vorstellungen sich willkürlich Segmente aus dem Repertoire homosexuellen Verhaltens herausgreifen und diese generalisieren, um damit die Minderwertigkeit und Asozialität der Homosexualität zu belegen, ist der Versuch unternommen worden, der Diffamierung den Boden zu entziehen, indem tatsächlich vorhandene Differenzen im Verhalten verleugnet oder verschleiert werden. Auf das totale Verdikt der Anthropologie und auf das im Faschismus erlittene Trauma antworteten Homosexuelle mit einer verstärkten Anpassung an die gängigen Normalitätsvorstellungen. In diesem Bemühen wurden sie durch die liberale Sexualwissenschaft kräftig unterstützt, die an einer begrifflichen Auflösung der homosexuellen Wirklichkeit arbeitete. [...] Das Spezifische an der homosexuellen Existenz wurde schrittweise aufgelöst.[39]

Noch deutlich zugespitzt kommt Dannecker zum Ergebnis:

> Was wirkliche Toleranz von Scheintoleranz unterscheidet, ist ihr Wissen um das *noch* Differente und die Akzeptierung des Anderen als Anderes. Wo die realen Differenzen zwischen Homosexuellen und Heterosexuellen eingeebnet werden, werden jene gegen die gültigen Moralvorstellungen nur zum Schein in Schutz genommen. Diese Position unterwirft sich in Wahrheit dem totalen Durchsetzungsanspruch der heterosexuellen Normen. Zur Disposition gestellt werden nicht etwa die Vorstellungen sexueller Sittlichkeit, sondern ein mit diesen nicht kongruentes Moment des homosexuellen Verlangens.[40]

Aus einer solchen Sicht, die sich zudem ganz konkret auch gegen Kinsey wendet, muss jede Darstellung eines konstitutiv bisexuellen Potenzials in jedem Menschen als Angriff auf »das Selbstwertgefühl und die Selbstinterpretation der Homosexuellen« verstanden werden,[41] da die »Differenzen zwischen Homosexuellen und Heterosexuellen eingeebnet werden« und das *Andere* nicht als kategorial Anderes akzeptiert, sondern als Potenzial in jedem Menschen gesehen wird.[42] Dass die Betrachtungen Danneckers aus den 1970er Jahren nicht obsolet sind, wird aus aktuellen Veröffentlichungen deutlich. So schließt Patsy l'Amour laLove in dem von ihr herausgegebenen Band *Selbsthass & Emanzipation* (2016) mit gleicher Intention und ähnlichen Vokabeln an und fordert Schwule dazu auf, zu »betonen, dass Homosexuelle anders als Heterosexuelle« seien.[43] Auch die emanzipatorischen Schulaufklärungsprojekte sollten sich davor hüten, »eine Unterwerfungsgeste an die Normalität zu inszenieren«, stattdessen das eigene »Anderssein« und »die eigene Differenz« als Schwule und Lesben stark machen.[44] Benedikt Wolf führt die Betrachtungen im selben Band direkt mit Bisexualität zusammen. Auch er nimmt eine deutliche Abgrenzung zwischen Homosexualität und Heterosexualität vor und wendet sich gegen Männer, die als Bisexuelle oder Pansexuelle die Nähe zu Schwulen (und Lesben) suchten:

> Ein neues, gerade in linken queeren Kontexten verbreitetes Phänomen sind Männer, die ihre Heterosexualität zugunsten einer Öffnung in Richtung einer wahlweise queeren, »nicht festgelegten«, Bi- oder Pansexualität aufgeben. Ein gewisses Unbehagen an der eigenen Heterosexualität scheint »progressive« Männer diesen Schlages in die Nähe von Schwulen und Lesben zu rücken, die sich und/oder anderen gegenüber ihre Homosexualität verbergen oder nicht eingestehen.[45]

Unterdessen sucht Dannecker, knapp 40 Jahre nach dem oben zitierten Aufsatz, eine reflektierte Position zu seinen Äußerungen, indem er sich stärker der Fantasie und ihrer »Potenzialität«, »gegen einen normativen Zugriff auf die Sexualität anzugehen«,[46] zuwendet und davon ausgeht, dass sich Möglichkeitsräume eröffnen lassen, »wenn wir Klischees zum Tanzen bringen«.[47] In Bezug auf die gesellschaftlichen Veränderungen der letzten Jahre, die auf die Förderung von Toleranz und Akzeptanz gegenüber Schwulen und Lesben zielen, hält er fest: »Anders wird man nur durch Zuschreibungen. […] Gäbe es kein Außen, das auf dieses Anderssein durch Blicke zugreift […] oder massive Sanktionen, so könnte sich das Anderssein möglicherweise relativ konfliktlos entwickeln.«[48] Denkt man diese Perspektive konsequent weiter, so gelangt man zum Ergebnis, dass ohne das Außen und seine Zuschreibungen das *Andere* hinfällig wird. Das Resultat könnte gerade eine Offenheit und Akzeptanz sein, die sich stärker in der Selbstverständlichkeit auch gleichgeschlechtlichen sexuellen Tuns zeigt – im Sinn bisexueller Konstitution, also eines bisexuellen Vermögens bei allen Menschen.

Eine andere Richtung wäre gewiss ebenfalls möglich: Bisexuelle könnten sich klar als Identität fassen und mit eigenen *Markern* als Gruppe konstituieren. Bisexuell wäre demnach zum Beispiel eine Person, die Frauen und Männer gleichermaßen begehrenswert findet und deren Abstand sexueller Aktivität zu beiden Geschlechtern eine Größe von so und so vielen Jahren nicht überschreitet oder ähnliches. Die klare Definition – mit entsprechenden Abgrenzungen – wird aber schwieriger als bei Schwulen und Lesben sein, weil es (derzeit) nicht in gleichem Maß geteilte Konventionen wie seinerzeit bei der Schwulen- und der Frauen-/Lesbenbewegung gibt.

Eigene Kräfte bündeln

Bisexuelle, vor der Frage, sich analog zu Lesben und Schwulen als Gruppe zu identifizieren oder die Lust an der Offenheit des Verlangens ins Zentrum der Selbstverortung und Definition von Gruppenaktivitäten zu rücken, sollten und könnten auch an eigenen positiven Bezugspunkten arbeiten. Lesben und Schwule sahen gern in die Geschichte, um ihre Vorkämpfer*innen zu finden und zu würdigen. Abgesehen von eigener Stärke, die Bisexuelle aus solcher Selbstvergewisserung generieren könnten, kämen Personen in den Fokus, die in der lesbischen und schwulen Geschichtsschreibung bisher vernachlässigt wurden. Auf eine von ihnen soll, den Aufsatz beschließend, der Blick gelenkt werden.

Haben Sie schon einmal von Brenda Howard gehört? Das sollten Sie aber! Howard, die am 24. Dezember 1946 geboren wurde und in einer jüdischen Familie, in Syosset,

Nassau County (New York) aufwuchs, gilt als die *Mother of Pride*. Von ihr stammt, in Erinnerung an die Kämpfe in der New Yorker Christopher Street, sowohl die Idee des Veranstaltungsformats *Pride* als auch der Pride-Veranstaltungswochen. Und sie koordinierte den ersten Christopher Street Day. Selbst war die US-amerikanische Bisexuellen-Aktivistin, sexpositive Feministin, Polyamoristin und BDSMerin, die als Krankenschwester arbeitete, in der Anti-Kriegs-Bewegung gegen den Vietnam-Krieg aktiv. Ebenso engagierte sie sich im feministischen Aktivismus, der Gay Liberation Front und für einige Jahre in der Gay Activists Alliance. Am 28. Juni 2005 starb Brenda Howard in New York.[49]

Howard ist in den USA als *Mother of Pride* bekannt, in Deutschland ist sie es leider weniger. Dabei könnten gerade der Bezug auf sie und die Auseinandersetzung mit ihr deutlich machen, wie grundlegend der Aktivismus Bisexueller die Möglichkeiten des schwulen und lesbischen Aktivismus gestaltet hat.[50]

Kim Ritter

Typische Anerkennungskonflikte in den Lebensgeschichten bisexueller Menschen

In einer von meinen Kolleginnen und mir durchgeführten biografieanalytischen Studie stießen wir fallübergreifend auf Berichte über spezifische Konflikte im Zusammenhang mit Bisexualität, die sich nicht alleine mit negativen Einstellungen gegenüber gleichgeschlechtlichen Lebensweisen erklären ließen.[1] Beispielhaft dafür ist eine Sequenz aus dem Interview mit Tanja Weber.[2] Sie hat viele Jahre nur mit Frauen Sexualität und Beziehungen gelebt und berichtet in der Passage, wie sie reagiert, als sie beginnt, sich wieder nach Sexualität und Beziehungen mit Männern zu sehnen.

> ich hatte echt das Gefühl jetzt hab ich zum dritten Mal ne Pubertät <<ja>> ((lachend)) /oh nee dachte ich jetzt echt nicht schon wieder\ <<ja>> also, es waren, irgendwie wieder dieses ja, wer bin ich denn eigentlich was will ich denn <<hm>> wer wird mich denn wollen, mit meiner Geschichte, also diesen blöden Spruch besser bi als nie hatte ich natürlich auch sofort im Kopf <<ja>> und dachte äh, ja pfh (5)[3]

Die Passage macht deutlich, wie das Erleben eines geschlechterübergreifenden Begehrens das bisherige Selbstverständnis, die entwickelten Routinen und aufgebauten Sicherheiten infrage stellen kann. Diese lebensgeschichtliche Phase der Verunsicherung ist für Tanja Weber durch

Sorgen geprägt, inwiefern eine bisexuelle Beziehungsbiografie von anderen Menschen akzeptiert wird. Dabei ist in diesem Fall der Begriff Bisexualität als ein soziales Etikett zwar verfügbar, allerdings nur in Form einer diskreditierenden Fremdbeschreibung, die nicht ohne Weiteres in eine stimmige Selbstbeschreibung verwandelt werden kann. Passagen wie diese werfen die Frage auf, welche Anerkennungskonflikte im Zusammenhang mit Bisexualität die untersuchten Lebensgeschichten beeinflussen. Das Thema, das mich in diesem Text beschäftigt, lautet daher: Welche für Bisexualität spezifischen Anerkennungskonflikte lassen sich auf der Grundlage der durchgeführten Studie nachweisen? Um diese Frage zu beantworten, gehe ich zunächst auf den Stand der Auseinandersetzung mit dem Thema Biphobie ein, um dann die durchgeführte Studie zu skizzieren und drei Fallbeispiele darzustellen, in denen bisexuelle Menschen Anerkennungskonflikte erleben, weil sie einen gegengeschlechtlichen Partner wählen.

Biphobie – (k)ein selbstverständliches Thema

Als die zwei wichtigsten Erkenntnisse der Arbeiten, die sich mit Vorbehalten gegenüber Bisexuellen beschäftigen, lassen sich festhalten: Bisexuelle sind nicht unbedingt weniger von Homosexuellenfeindlichkeit betroffen als Homosexuelle, und die negativen Erfahrungen von Menschen, die geschlechterübergreifend begehren und lieben, lassen sich nicht alleine mit dem Begriff der Homophobie beschreiben oder erklären.

Robyn Ochs spricht von einer doppelten Diskriminierung von Bisexuellen.[4] Bisexuelle seien gleichermaßen von Homophobie wie von Biphobie betroffen, und Biphobie gehe sowohl von Hetero- als auch von Homosexuellen aus.

Provokant wirft sie angesichts der verbreiteten Behauptung der geringeren Betroffenheit die Frage auf, ob Bisexuelle etwa nur zur Hälfte beschimpft, verprügelt oder entlassen würden, wenn sie von Homophobie betroffen seien oder ob Bisexuelle sich durch den Verweis auf ihre Bisexualität vor homophoben Angriffen schützen könnten.[5] Diese Zuspitzung hilft das gängige Bild zu ersetzen, Bisexuelle seien zum Teil homo- und zu einem anderen Teil heterosexuell und könnten sich im Zweifel in einen heterosexuellen Schutzraum zurückziehen. Zudem wird deutlich, dass die Lebensrealität von Bisexuellen sich nicht automatisch in einem Zwischenraum abspielt – eine Annahme, die auch Clare Hemmings in ihrer Arbeit widerlegt hat.[6]

Der Anteil von Bisexuellen, die im Alltag, in der Schule und im Beruf Diskriminierungen erleben, ist nach den verfügbaren empirischen Daten weiterhin hoch. In einer europaweit durchgeführten Umfrage gaben 47% der bisexuellen Frauen und 36% der bisexuellen Männer an,[7] in den letzten zwölf Monaten vor der Erhebung Diskriminierungen aufgrund ihrer sexuellen Orientierung erlebt zu haben.[8] 46% der bisexuellen Frauen und 73% der Männer gaben an, ihre sexuelle Ausrichtung in der Schule verheimlicht oder verschwiegen zu haben.[9] Bei der Arbeitssuche fühlten sich in den zwölf Monaten vor der Befragung 16% der Frauen und 20% der Männer aufgrund ihrer bisexuellen Ausrichtung benachteiligt.[10]

Eine weitere Arbeit hat sich auf der Basis von qualitativen Interviews mit der Arbeitssituation von bisexuellen Beschäftigten in Deutschland befasst.[11] Es stellte sich dabei heraus, dass Bisexuelle an ihrer Arbeitsstelle sowohl von negativen Einstellungen gegenüber gleichgeschlechtlichen Lebensweisen als auch mit spezifischen Vorurteilen gegenüber Bisexualität konfrontiert sind. Zu diesen Vorurteilen gehört die mangelnde Anerkennung von Bisexualität als einer dauerhaften und gleichberechtigten sexuellen Ausrichtung, die Sexualisierung von Bisexualität und die verbreitete Unterstellung, Bisexuelle seien weniger treu. Eine nicht-repräsentative Online-Befragung stellte fest, dass bisexuelle Männer – die Studie hat nur Männer befragt – seltener von Diskriminierungserfahrungen berichten als schwule Männer. Allerdings wird hervorgehoben, dass bisexuelle Männer sowohl in der heterosexuellen Mehrheitsgesellschaft als auch in der schwulen Community negative Erfahrungen machen.[12]

Um negative Einstellungen gegenüber Bisexuellen zu bezeichnen und zu erklären, hat sich in der englischsprachigen Literatur der Begriff der Biphobie durchgesetzt.[13] Die Arbeit mit diesem Begriff ist im deutschsprachigen Raum weder in der alltäglichen Rede noch in professionellen oder akademischen Debatten eine Selbstverständlichkeit. Das hat zur Folge, dass spezifische Anerkennungskonflikte, die bisexuelle Menschen erleben, nur unzureichend erkannt, benannt und analysiert werden können. In der nun kurz vorgestellten Studie konnten wir einige dieser Konflikte genauer beleuchten.

Die biografische Fallstudie – Methode und Sample

Die Ergebnisse, die ich in diesem Text vorstelle, basieren auf der Auswertung von 31 biografisch-narrativen Interviews[14] mit Menschen, die sich selbst als bisexuell beschreiben. Die Interviews fanden zwischen Dezember 2010 und April 2011 statt.[15] Wir führten Interviews mit 15 Frauen, zwei sich als Transgender bezeichnenden Personen und 14 Männern. Ein Großteil der Interviewpartner_innen lebte zum Zeitpunkt der Interviews in Großstädten. Etwas mehr als die Hälfte (16) verfügte über eine akademische

Ausbildung. Das Sample bestand nur aus Personen, die vor dem Jahr 1980 geboren wurden. Zwölf Personen sind zwischen den Jahren 1979 und 1969 geboren, zwölf Personen zwischen den Jahren 1968 und 1958 und sieben Personen zwischen den Jahren 1957 und 1949. Das Ziel, Frauen und Männer in etwa gleicher Fallzahl einzubeziehen und unterschiedliche Altersgruppen und Milieus abzudecken, wurde somit erreicht. Transgeschlechtliche oder nichtbinäre Menschen sind jedoch unterrepräsentiert. Trotz dieser Breite des Samples musste aus forschungsstrategischen Gründen in Kauf genommen werden, dass der Feldzugang über bisexuelle Organisationen und die Arbeit mit der Kategorie bisexuell den Personenkreis auf eine Gruppe von Personen einengten, die sich selbst als bisexuell bezeichnet. Personen, die geschlechterübergreifend begehren und lieben, sich jedoch nicht als bisexuell betrachten, wurden von der Anfrage nicht oder nur unzureichend erreicht. Beispielhaft lässt sich die nicht zu vernachlässigende Gruppe von Männern nennen, die Sexualität mit Männern leben – etwa im Rahmen einer sexuellen Saunakultur –, jedoch in ihrem Alltag ausschließlich gegengeschlechtliche Beziehungen haben und sich nicht als bisexuell bezeichnen würden.

Typische Anerkennungskonflikte in den Lebensgeschichten bisexueller Menschen

Anerkennungskonflikte in Bezug auf Bisexualität spielen eine fallübergreifende Rolle in den analysierten Lebensgeschichten. Ich betrachte Erfahrungen von Anerkennung und Missachtung als Teil von institutionalisierten sozialen Beziehungen.[16] Sie sind damit in spezifische soziale Anerkennungsverhältnisse eingelassen. Unter Rückgriff auf

Axel Honneth verstehe ich diese Anerkennungsverhältnisse als eine zentrale Form der normativen Strukturierung bürgerlich-kapitalistischer Gesellschaften.[17] Honneth unterscheidet dabei unterschiedliche soziale Bereiche, in denen jeweils spezifische Anerkennungsordnungen wirksam werden: Beziehungen der Zuwendung und Fürsorge im Bereich der Liebe, des Anspruches auf Gleichheit in Rechtsbeziehungen und der gesellschaftlichen Wertschätzung von Leistung in wirtschaftlichen Beziehungen.[18] Immer geht es um eine Verständigung darüber, welche Erwartungen Mitglieder der Gesellschaft berechtigterweise aneinander stellen können und was als Bruch mit diesen Erwartungen bewertet werden kann.[19] In der Analyse der Biografien ergaben sich in allen genannten Bereichen Konflikte in Bezug auf Bisexualität: Unsere Interviewpartner_innen Tanja Weber und Torsten Nowak sorgen sich vor möglicher Zurückweisung bei der Aufnahme einer neuen Beziehung, einer zentralen Institution für die Organisation von Zuwendung und Fürsorge in der gegebenen Gesellschaft. Die langjährige Mehrfachbeziehung des Studienteilnehmers Manfred Schäfer hätte nach der geltenden Gesetzgebung keine Chance auf eine rechtliche Gleichbehandlung mit einer Ehe. Susanne Albers, die ebenfalls Teil unseres Samples ist, macht sich im Laufe ihres Lebens erhebliche Sorgen, Diskriminierung im Berufsleben aufgrund ihrer Bisexualität zu erfahren. Diese Konflikte verweisen auf gesellschaftliche Anerkennungsverhältnisse, in denen sexuelle oder partnerschaftliche Beziehungen mit Menschen unterschiedlichen Geschlechts, eine feste Mehrfachbeziehung oder ein bisexuelles Selbstverständnis Erfahrungen von Missachtung hervorrufen können.

Inwiefern solche Erfahrungen von Missachtung dazu führen, dass die zugrundeliegende Anerkennungsordnung gesellschaftlich als ungerecht bewertet wird und sich aus ihr soziale Konflikte entwickeln, ist eine Frage gesellschaftlicher Machtverhältnisse.[20] Anerkennungsverhältnisse sind einem beständigen Wandel unterworfen. Das zeigt das Beispiel der im Jahr 2017 eingeführten sogenannten Ehe für alle (Paragraph 1353 Absatz 1 Satz 1 Bürgerliches Gesetzbuch [BGB]). Sie konnte sich erst in einem gesellschaftlichen Kontext etablieren, in dem sich der gesellschaftliche Zuspruch zu dieser rechtlichen Gleichstellung aller Paare stetig vergrößerte. Im Jahr 2006 befürworteten schon fast zwei Drittel der Menschen in Deutschland eine solche Gleichstellung und deren Anteil stieg bis ins Jahr 2016 auf über 80 %.[21]

Ich stelle nun drei Fälle dar, deren Besonderheit es ist, dass die Wahl eine_r gegengeschlechtlichen Partner_in Anerkennungskonflikte auslöst – ein Umstand, der in der gängigen Debatte um Erfahrungen im Rahmen eines Coming-outs wenig Berücksichtigung findet.

»zum dritten Mal ne Pubertät« – Tanja Weber

Ein zentraler Bereich, in dem sich Anerkennungskonflikte für bisexuelle Menschen entwickeln können, ist das Coming-out gegenüber signifikanten Anderen, wie etwa Eltern, Freund_innen oder auch Kolleg_innen. Das lässt sich anhand des schon eingangs zitierten Falls von Tanja Weber exemplarisch darstellen. Tanja Weber fragt sich aufgrund ihrer Wahrnehmung eines wieder aufkommenden Interesses für Männer als sexuelle und/oder romantische Partner: »wer wird mich denn wollen, mit meiner Geschichte, also diesen blöden Spruch besser bi als nie hatte ich natürlich auch sofort im Kopf«.[22] Eine relativ kleine Veränderung – die Erfahrung, Männer wieder anziehend zu finden – erlebt die Biografin als eine umfassende Verunsicherung. Indem Tanja Weber von einer »dritten Pubertät« spricht, unterstreicht sie das Ausmaß dieser Erfahrung, die keineswegs auf die Gestaltung ihres Beziehungslebens beschränkt bleibt. Sie ist gezwungen, eine erneute biografische Statuspassage zu bewältigen. Die Fragen, die Tanja Weber als Teil dieser Lebensphase beschreibt, lassen sich als typisch für die Auseinandersetzung mit potenziellen Anerkennungskonflikten in einem homosexuellen Coming-out-Prozess beschreiben und sind Tanja Weber damit schon vertraut.[23] In einer Erweiterung der These einer doppelten Diskriminierung von Bisexuellen kann in Hinblick auf die Lebensgeschichte von Tanja Weber von der Notwendigkeit einer doppelten Auseinandersetzung mit potenziellen Anerkennungskonflikten im biografischen Verlauf gesprochen werden.[24] Der Umstand, dass die Biografin sich von Männern angezogen fühlt und damit ein Aspekt in ihr Leben tritt, der in der zeitgenössischen und regionalen sozialen Ordnung des Sexuellen in der Regel nicht von Stigmatisierung betroffen ist, ist in ihrem Fall gerade der Auslöser dieser Auseinandersetzung.

Dabei wirft die Biografin die Frage auf: »wer wird mich denn wollen, mit meiner Geschichte«.[25] Sie beginnt, ihre Beziehungsbiografie damit als einen diskreditierbaren Teil ihrer Lebensgeschichte wahrzunehmen. Dabei bestärken sie die Stereotype über Bisexualität, die ihr vertraut sind. Der vermeintlich größeren Auswahl an Beziehungspartner_innen – die auch im von der Biografin zitierten Spruch »besser bi als nie« aufgegriffen wird – steht damit ihrer Befürchtung entgegen, keine geeigneten Beziehungspartner_innen finden zu können. Neben dieser Sorge beschäftigt sie die Frage, ob sie selbst nun an ihrem bisherigen Beziehungsentwurf festhalten könne. Denn sie erlebt Bisexualität nicht als ein Begehren unabhängig vom Geschlecht, wie es zum Teil entworfen wird. Vielmehr gründet Bisexualität für sie auf der Struktur der Zweigeschlechtlichkeit, in der sie eine Beziehung zu einem Mann oder einer Frau unterschiedlich erlebt.

Nicht nur die Folgen für ihre Beziehungsgestaltung beschäftigen Tanja Weber, sondern auch mögliche Auswirkungen auf ihr weiteres soziales Umfeld.

> ganz viel Sorge vor Ausgrenzung auf allen Seiten <<ja>> ähm, wie wird mein Freundeskreis ((amüsiert)) /Freundinnenkreis\ reagieren, die irgendwie fast alle lesbisch sind <<ja>> was, was sagen die, wenn ich auf einmal ähm, da jetzt mit nem Mann ankommen würde, verlier ich die jetzt alle, deswegen, so wie viel Toleranz <<hm>> haben sie denn in=in der Richtung <<ja>> (4) ((lachend)) /ja ganz schlimm\ (3) die (2) Eltern tendieren ja schon auch zu so, zu so Sätzen wie ja das ist nur ne Phase das äh, das wächst sich wieder raus <<ja>> nicht bös gemeint aber so die eigene Hoffnung ne dann hats das Kind wieder einfacher, wo ich so denke na toll ((lacht)) dann hatten die auch noch recht ((lacht)) das ja jetzt echt das Letzte ((lacht)) hab ich jetzt irgendwie jahrelang gesagt quatsch ihr müsst mich jetzt so akzeptieren ich bin lesbisch das ist jetzt so, und auf einmal komm ich an ähhh vielleicht doch n Mann ((lacht)) ohh nee ((lacht)) das geht ja gar nicht ((lacht))[26]

In der Sequenz wird deutlich, dass die immer noch verbreiteten linearen Vorstellungen eines Coming-out-Prozesses[27] nicht mit dem biografischen Verlauf Tanja Webers in Einklang zu bringen sind. Ein Umstand, der sie selbst irritiert. Manche Modelle entwerfen Coming-out als einen Prozess, der mit einer anfänglichen Verwirrung beginnt und sich typischerweise hin zu einer zunehmenden Akzeptanz und Stabilisierung der Identität entwickelt, wobei ein wesentlicher Bestandteil der Aufbau von sozialen Beziehungen zu Menschen ist, die ähnliche Erfahrungen gemacht haben. Tanja Weber hat in ihrem lesbischen Coming-out fast idealtypisch diese Phasen durchlaufen. Als Bisexuelle macht sie nun die Erfahrung, dass sie gerade aufgrund des sie zuvor stärkenden Freundinnenkreises verunsichert wird und besorgt ist, Ausgrenzung erleben zu müssen. Die Sorge, alle ihre Freundinnen zu verlieren, zeigt das ganze Ausmaß dieser Verunsicherung, die der Verunsicherung, die mit einem homosexuellen Coming-out einhergeht, in nichts nachsteht. Wobei sich in ihrer Situation, angesichts des geringeren sozialen Organisationsgrades Bisexueller, zusätzlich die Frage aufdrängt: Was könnten die Bezüge sein, an die Tanja Weber im Falle eines Verlustes ihres Freundinnenkreises anknüpfen könnte?

Eine weitere Ebene des Prozesses ist die Auseinandersetzung Tanja Webers mit ihren Eltern. Sie beschäftigt sich damit, dass ihre Eltern im Falle einer Beziehung mit einem Mann ihr Lesbisch-sein als Phase abwerten und damit der Status der Anerkennung, die sie durch ihre Eltern erreicht hat, verloren ist. Eine mögliche Beziehung zu einem Mann löst damit eine Aktualisierung von Erfahrungen der Abwertung ihres lesbischen Selbstentwurfes aus. Weder ein lesbisches noch ein bisexuelles Selbstverständnis erweisen sich als in einer Weise institutionalisiert, dass sie über eine Beziehungsphase mit einem Mann hinweg stabil bleiben könnten. Biografisch stellt Bisexualität dabei lediglich eine Vergangenheit oder einen Zukunftsentwurf dar. Als Teil der Gegenwart droht sie in der Biografie von Tanja Weber auf den Moment des Übergangs hin zu einer der sozial anerkannten monosexuellen Lebensweisen reduziert zu werden.[28] In dieser Situation hat die Biografin die berechtigte Sorge, dass ihre bisherige lesbische Identität negiert wird, ohne in der Lage zu sein, einen Selbstentwurf zu entwickeln, der ihrer bisherigen Beziehungsbiografie und ihren möglichen Beziehungswünschen gerecht wird.

»äh wie gehst du denn da immer noch hin« – Torsten Nowak

Exemplarisch für Anerkennungskonflikte in den Biografien bisexueller Menschen ist auch ein Ausschnitt aus dem Interview mit Torsten Nowak, in dem er von einem Gespräch mit seiner schwer erkrankten Mutter berichtet. In diesem Gespräch geht es um die mangelnde Akzeptanz der Mutter für die männlichen Partner ihres Sohnes.

> es gab in der Zeit eine Situation wo wir mal alleine äh im Krankenhaus in ihrem Zimmer waren und wo sie dann sagte ähm, dass sie wüsste dass sie mir in einigen Jahren keine große Hilfe gewesen wäre <<ja>> und ähm das war halt n sehr schöner Moment also ähm, weil dadurch irgendwie das so, so rund wurde dann <<ja>> ne oder so (3) ja (5) ja, das ist so, das ist so das ähm, als ich ähm, meine äh, letzte Exfreundin ähm als da auf einmal mehr draus wurde nach dem wir schon ein zwei Jahre befreundet waren <<hmhm>> (3) und ähm, das war zu dem Zeitpunkt als meine Mutter auch noch lebte, ähm, da wars natürlich so dass bei meiner Mutter die Hoffnung wieder aufkeimte jetzt wird alles gut ((lächelt)) und ähm, sie wusste vorher auch schon äh von meinen Aktivitäten innerhalb der Bigruppe <<ja>> und als ich dann irgendwann mal ihr davon erzählte äh als ich dann mit meiner Freundin schon zusammen war, dass ich ihr von irgendeiner Situation oder von irgendeiner, irgendwas so erzählte wo es um irgendwas innerhalb der Bigruppe ging, äh da kam immer die Frage

> äh=äh wie gehst du denn da immer noch hin ((lächelt)) und äh ((lacht)) ja da hab ich dann gemerkt okay ähm, sie dachte jetzt eigentlich das wär jetzt ausgestanden das Thema <<ja>> und ich hab ihr dann halt gesagt ja, äh, was sie denn denken würde das auf einmal jetzt alles andere von vorher jetzt weg wäre[29]

In dieser Sequenz bildet sich einer der zentralen Konflikte in der Biografie von Torsten Nowak ab. Er berichtet, er habe sich mit seiner schwer erkrankten Mutter kurz vor ihrem Tod versöhnt, und damit sei der Abschied von ihr »rund«, also abgeschlossen. Diesem Narrativ müssen die im transkribierten Text deutlichen Spuren der erlebten Kränkung durch die mangelnde Anerkennung seiner Mutter gegenübergestellt werden. Denn er schließt das Thema nicht ab und beendet es, sondern nach einem »oder so (3) ja (5) ja, das ist so«, setzt er zu einer Erzählung an, die seiner zuvor getroffenen Behauptung entgegensteht und von der fortdauernden Kränkung durch die Mutter bis in sein Erwachsenenalter handelt. Indem die Mutter an seine aktuelle Beziehung zu einer Frau die Hoffnung knüpft, sein Engagement in der Bi-Gruppe möge damit enden, vermittelt sie ihm, dass weder seine Beziehungen mit Männern in der Vergangenheit noch sein Aktivismus in der Gegenwart oder seine Offenheit für Beziehungsentwürfe in der Zukunft von ihr anerkannt werden. Insofern macht der Biograf an dieser Stelle eine für einen bisexuellen Lebensentwurf spezifische Erfahrung der doppelten Diskriminierung.[30] Während die Mutter zugleich seine vergangene Beziehung zu seinem Partner, sein gegenwärtiges Engagement in bisexuellen Zusammenhängen und mögliche zukünftige Beziehungen zu Männern abwertet, wird seine aktuelle Beziehung vor allem auf ihre Konformität hinsichtlich der mütterlichen Erwartung reduziert.

In beiden bislang angeführten Fällen ist das Eingehen einer heterosexuellen Beziehung oder eines heterosexuellen sexuellen Kontaktes folglich kein Garant dafür, weniger Erfahrungen von Zurückweisung zu machen, sondern diese zu aktualisieren und damit über den biografischen Verlauf hinweg zu verstetigen. In Hinblick auf den gesamten biografischen Verlauf Torsten Nowaks hat damit die monosexuelle Struktur der Gesellschaft und der mit ihr verbundenen institutionalisierten Heterosexualität das Potenzial, wiederholt zu Konflikten mit signifikanten Anderen zu führen. Und das nicht nur bei der Wahl gleichgeschlechtlicher Partner_innen, sondern – wie in diesem Fall – auch bei der Wahl gegengeschlechtlicher Partner_innen. Als Bisexueller erlebt Torsten Nowak eine solche Verstetigung dieses Anerkennungskonfliktes, der sich in diesem Fall in einem Kontrast zwischen dem Narrativ der Versöhnung und der Erinnerung an das Erleben wiederholter Kränkungen zeigt.[31]

»Dich mit ner Frau im Bett anzutreffen« – Manfred Schäfer

Der Studienteilnehmer Manfred Schäfer berichtet von einem ungewollten bisexuellen Coming-out gegenüber seinen Eltern, als diese ihn in seiner Wohnung spontan besuchen kommen und – offensichtlich mit einem Schlüssel ausgestattet – ihn mit einer Freundin beim Sex überraschen.

> **dich** mit ner **FRAU** im Bett anzutreffen, und dann noch in dieser Situation, das **kann** doch nich wahr sein, ich denke du bist schwul? \ ich sag na ja es hat sich 'n bisschen in den letzten Jahren getan (2) nein sacht se, sacht

se zu meinem Vater [Name, K.R.] **kannst** du mir sagen, von **wem** der **das** hat?, du **bist** doch **Ferkel**! ((lacht))
I: ((lacht))
E: Was musst du Männer **und** Frauen haben dann kannst du dich doch auch für irgendwas entscheiden ich sach genau das iss es, das kann ich nicht <<mhm, ja>> (2) nich also das das war auch sone Situation aber, da wurde dann danach da nich mehr drüber gesprochen und mein **Vater**, der war total happy der hat **genau** ge- ent- entgegen- entgegen gesetzt, hat er hat er mich gefragt sag mal hast du dann auch mal vor irgendwie ne Frau zu heiraten oder so ich sag na ja du wenn sich das mal ergibt dann ja[32]

Die Mutter bezeichnet den Sohn als Ferkel, schreibt Manfred Schäfer also »schmutziges« Verhalten zu, stellt ein solches in einen klaren Gegensatz zu den familialen Normen und fordert ihn auf, sich zu entscheiden. In der Bemerkung der Mutter kommt eine Verknüpfung von Bisexualität mit Maß- und Zügellosigkeit als Gegenbild zur vermeintlichen maßvollen Monosexualität zum Ausdruck. Dagegen betrachtet der Vater die Szene als ein Anzeichen dafür, dass der Sohn möglicherweise wieder heterosexuell leben könnte. Der Vater wertet damit implizit die Option eines gleichgeschlechtlichen Lebensentwurfes ab, während er die Möglichkeit einer geschlechterübergreifenden sexuellen und romantischen Praxis gar nicht erst berücksichtigt. Es zeigt sich daher in der Sequenz zugleich eine Abwertung einer geschlechterübergreifenden Sexualität, die Abwertung einer gleichgeschlechtlichen Lebensweise und das Unsichtbarmachen eines bisexuellen Lebensentwurfes. Sie können als typische Erlebnisse von Abwertung und Marginalisierung beschrieben werden, die Bisexuelle in einer monosexuell organisierten Gesellschaft machen.[33]

Fazit – ein bisexueller Lebensentwurf als eigenständige biografische Gestalt

Mit diesem kurzen Blick auf drei Lebensgeschichten konnte ich einige Anerkennungskonflikte aufzeigen, die bisexuelle Menschen erleben: Tanja Webers Eltern zeigen sich – als sie nach vielen Jahren der Beziehungen mit Frauen eine Partnerschaft mit einem Mann eingeht – erleichtert, dass die »Phase«[34] ihres Kindes ein Ende hat und hoffen, dass sie es wieder »einfacher«[35] habe. Als Torsten Nowak nach einigen Jahren der Beziehungen mit Männern eine Freundin hat, fragt seine Mutter ihn verständnislos, weshalb er denn weiterhin noch eine Gruppe für Bisexuelle besuchen würde. In der Lebensgeschichte von Torsten Nowak führt diese Erfahrung zu einer Aktualisierung der Erfahrung von Zurückweisung durch die Mutter, die er schon als Jugendlicher und junger Erwachsener gemacht hat. Der Konflikt zwischen der Mutter, die seine gleichgeschlechtlichen Beziehungen anfänglich nicht akzeptieren wollte, und ihrem Sohn war zuvor zwar nicht gelöst, schien aber befriedet. Eine Anerkennung des bisexuellen Lebensentwurfes des Sohnes, die seine gesamte Beziehungsbiografie einbeziehen müsste, bleibt dabei aus. Manfred Schäfer, den seine Eltern beim Sex mit einer Frau überraschen, wird von seiner Mutter, die seiner Homosexualität positiv gegenüberstand, als »Ferkel«[36] bezeichnet. Dagegen freut sich sein Vater und äußert die Hoffnung, sein Sohn werde nun doch eines Tages eine Frau heiraten. Alle Interviewpartner_innen machen also die Erfahrung, dass ein Eingehen einer als gegengeschlechtlich wahrgenommenen Partnerschaft von Elternteilen als Anzeichen einer Rückkehr der Kinder in den Bezugsrahmen der heterosexuellen Norm gedeutet wird.

Mit Blick auf die Ergebnisse der durchgeführten Studie lässt sich festhalten, dass bisexuelle Menschen Gefahr laufen, spezifische Erfahrungen von Missachtung zu machen. Insofern können sie, mit Bezug auf einen Begriff von Nancy Fraser, als eine von Ungerechtigkeit betroffene Statusgruppe bezeichnet werden.[37] Ihre spezifischen Erfahrungen von Missachtung werden in der öffentlichen Diskussion jedoch oft vernachlässigt.

Auf der Grundlage dieser empirischen Ergebnisse lässt sich zudem die in Hinblick auf wissenschaftliche Wissensbestände aufgestellte These eines »epistemic erasure« von Bisexualität auf die Alltagswelt übertragen.[38] Beim Eingehen einer gegengeschlechtlichen Beziehung besteht die Gefahr der Tilgung einer bisexuellen Beziehungsbiografie durch signifikante Andere, was gelöste oder befriedete Anerkennungskonflikte aktualisieren, verstetigen oder sogar verstärken kann. Darin zeigt sich eine besondere biografische Herausforderung für Bisexuelle in ihrer Lebensgeschichte, aber auch für deren soziale Eltern und andere enge Bezugspersonen, die sich möglicherweise beständiger mit den eigenen Vorbehalten, Sorgen oder Hoffnungen beschäftigen müssen.

Darüber hinaus zeigen die Ergebnisse, wie unzureichend lineare Vorstellungen eines Coming-out-Prozesses sind, um die Erfahrungen Bisexueller abbilden zu können.[39] Auch ein biografisches Phasenmodell von Bisexualität erweist sich als unangemessen. Eine bisexuelle Biografie lässt sich nicht in klar voneinander abgetrennte homo- oder heterosexuelle Phasen aufteilen, die dann alleine von den jeweils für diese Phasen typischen Phänomenen geprägt sind. In den oben genannten Fällen löst gerade eine als heterosexuell gedeutete Situation oder Phase der Sexualität oder Beziehung Erfahrungen von Zurückweisung und Verunsicherung aus. Dabei handelt es sich um eine spezifische Erfahrung Bisexueller, die nicht aus dem Bruch mit institutionalisierter Heterosexualität rührt, sondern aus einem Bruch mit der Institution der Monosexualität. Damit kann nicht nur der Wechsel hin zu einer gleichgeschlechtlichen Beziehung, sondern auch die gleichzeitige oder darauf folgende Zuwendung zu gegengeschlechtlichen Sex- oder Beziehungspartner_innen die Notwendigkeit einer Reorganisation des lebensgeschichtlichen Zusammenhangs nach sich ziehen.

Die für andere soziale Felder formulierte Begrifflichkeit einer »doppelten Diskriminierung« von Bisexuellen kann damit auf die soziale Konstruktion der Biografie übertragen werden.[40] Bisexuelle machen mitunter in ihrer Lebensgeschichte Erfahrungen mit institutionalisierter Heterosexualität und institutionalisierter Monosexualität. Ein bisexueller Lebensentwurf bildet eine eigenständige biografische Gestalt, die sich nicht auf eine Addition typischer Erfahrungen innerhalb heterosexueller oder homosexueller Lebensläufe reduzieren lässt.

Anmerkungen

Heinz-Jürgen Voß: Bisexualität aus historischer und kulturwissenschaftlicher Perspektive – einige Schlaglichter

1 An dieser Stelle wird ausdrücklich die männliche Bezeichnung genutzt, da Frauen aus den *modernen* Wissenschaften zunächst ausgeschlossen waren. Anders als noch Mitte des 18. Jahrhunderts konnten nicht einmal mehr die wohlhabendsten Frauen an den wissenschaftlichen Disziplinen teilnehmen. Ansonsten wird in diesem Aufsatz eine Form aktueller – geschlechtergerechter – Sprachprägung genutzt, diejenige mit dem Asterisk (*Wissenschaftler*innen*).

2 Vgl. Manfred Herzer, Hirschfelds Utopie, Hirschfelds Religion und das dritte Geschlecht der Romantik, ursprünglich erschienen in: Mitteilungen der Magnus-Hirschfeld-Gesellschaft 28 (1998), http://www.sexarchive.info/BIB/herzer01.htm (Meldung vom 27.12.2018); Heinz-Jürgen Voß, Geschlecht: Wider die Natürlichkeit, Stuttgart 2018.

3 Wilhelm von Humboldt, Ueber die männliche und weibliche Form, in: Fotomechanisch hergestellte Neuausgabe von »Die Horen«, hg. von Paul Raabe, Darmstadt 1959 [Erstausgabe 1795], S. 81.

4 von Humboldt 1959 [1795] (Anm. 3), S. 102.

5 Herzer 1998 (Anm. 2); vgl. zur Denktradition L.S.A.M. v. Römer, Über die androgynische Idee des Lebens, in: Jahrbuch für sexuelle Zwischenstufen 5 (1903), Heft 2, S. 709-939; Neuer Berliner Kunstverein, Androgyn – Sehnsucht nach Vollkommenheit (Ausstellungskatalog), Berlin 1986.

6 Magnus Hirschfeld, Die intersexuelle Konstitution. Erweiterung eines am 16. März 1923 im hygienischen Institut der Universität Berlin gehaltenen Vortrags (gekürzte Fassung des im Original 1923 schriftlich erschienen Beitrags), in: W.J. Schmidt (Hg.), Jahrbuch für sexuelle Zwischenstufen: eine Auswahl aus den Jahrgängen 1899-1923, Band 2, Frankfurt a.M., S. 9-26, hier: S. 23.

7 Magnus Hirschfeld, Geschlechtskunde. Band I, Stuttgart 1926, S. 481 (Hervorhebungen im Original).

8 Vgl. etwa Volkmar Sigusch, Karl Heinrich Ulrichs: Der erste Schwule der Weltgeschichte, Hamburg 2000; Georg Klauda, Die Vertreibung aus dem Serail: Europa und die Heteronormalisierung der islamischen Welt, Hamburg 2008; Heinz-Jürgen Voß, Biologie & Homosexualität: Theorie und Anwendung im gesellschaftlichen Kontext, Münster 2013.

9 Numa Numantius [d.i. Karl-Heinrich Ulrichs], »Inclusa« – Anthropologische Studien über mannmännliche Geschlechtsliebe; Zweite Schrift über mannmännliche Liebe; Naturwissenschaftlicher Theil. Neuausgabe der Forschungen über das Räthsel der mannmännlichen Liebe, in 4 Bänden, Band 1, hg. von H. Kennedy, Berlin 1994 [Erstausgabe 1864]. S. 7ff.

10 Vgl. Charlotte Wolff, Bisexualität. Frankfurt a.M. 1981.

11 Sigmund Freud, Drei Abhandlungen zur Sexualtheorie, Frankfurt a.M. 1972 [Erstausgabe 1905], http://gutenberg.spiegel.de/buch/drei-abhandlungen-zur-sexualtheorie-910/1 (Meldung vom 26.12.2018); vgl. auch Volkmar Sigusch, Neosexualitäten: Über den kulturellen Wandel von Liebe und Perversion, Frankfurt a.M. 2005, S. 15-19.

12 Freud 1972 [1905] (Anm. 11), Kapitel 13.

13 Ebd.

14 Gunter Schmidt, Kindersexualität. Konturen eines dunklen Kontinents, in: Ilka Quindeau & Micha Brumlik (Hg.), Kindliche Sexualität, Weinheim 2012, S. 60-70, hier: S. 62.

15 Freud 1972 [1905] (Anm. 11).

16 Ebd., Kapitel 14.

17 Vgl. zu Bisexualität in den Arbeiten von Freud auch Ernest Borneman, Der Begriff »Bisexualität« bei Sigmund Freud, in: Erwin J. Haeberle & Rolf Gingdorf (Hg.), Bisexualitäten: Ideologie und Praxis des Sexualkontaktes mit beiden Geschlechtern, Stuttgart 1994, S. 144-153.

18 Wolff 1981 (Anm. 10), S. 39; vgl. auch Helene Deutsch, Psychologie der Frau, Bern 1948, S. 300f.

19 Vgl. auch Charlotte Wolff, Ein Leben aus erster Hand, in: Agnes Frei & Christoph Klimke (Hg.), Lieb doch die Männer und die Frauen. Bisexualität – der zweite siebte Himmel?, Reinbek 1989, S. 63-77.

20 Vgl. Karen Horney, Neue Wege in die Psychoanalyse, Stuttgart 1951. Interessant ist, dass in den benannten psychoanalytischen Ausführungen zwar das Sexuelle im Sinn eines Entwicklungsprozesses gedacht wird, der entweder mehr oder weniger offen oder als »naturhafte«, schematisch ablaufende Stufenabfolge dargestellt wird. Hingegen werden die entwicklungsbiologischen Betrachtungen zur physischen und physiologischen bisexuellen Konstitution des Embryos kaum gewürdigt – das Kind wird physisch und physiologisch so gedacht, dass es von Beginn an entweder klar *Junge* oder klar *Mädchen* wäre. Kritisch hierzu Voß 2018 (Anm. 2).

21 Wolff 1981 (Anm. 10), S. 39.

22 Ebd.

23 Georg Groddeck, Das Buch vom Es, Leipzig 2018 [Erstausgabe 1923], http://gutenberg.spiegel.de/buch/das-buch-vom-es-1485/1 (Meldung vom 27.12.2018), Kapitel 27; siehe auch: Wolff 1981 (Anm. 10), S. 42.

24 Norbert Reck, Befreiung von der Homosexualität: Ein Kapitel Queer-Theologie in Auseinandersetzung mit Guy Hocquenghem, in: Heinz-Jürgen Voß (Hg.), Die Idee der Homosexualität musikalisieren: Zur Aktualität von Guy Hocquenghem, Gießen 2018, S. 77-99, hier: S. 91.

25 Wilfried Eigeltinger, Das Niemandsland Klappe, in: Bruno Gmündner & Christian von Maltzahn (Hg.), Berlin von hinten, Berlin 1981, S. 149-153, hier: S. 151f.

26 Ulf Lippitz, Verliebte Jungs, https://www.tagesspiegel.de/politik/geschichte/verliebte-jungs/866108.html (Meldung vom 26.12.2018).

27 Vgl. Gigi – Zeitschrift für sexuelle Emanzipation 14 (2001): Schwule, Spanner, Sexverbrecher – Eine (unvollständige) Chronik staatlicher Repression, http://www.gigi-online.de/chronik14.html (Meldung vom 26.12.2018).

28 Ebd.

29 Heinz-Jürgen Voß: Gäste eingeschüchtert, Der Feldzug des grünen Stadtrats gegen die Darkrooms, https://www.queer.de/detail.php?article_id=32399 (Meldung vom 26.12.2018); o.A., Polizei rechtfertigt Razzia in schwulem Sexclub, https://www.siegessaeule.de/no_cache/newscomments/article/4120-polizei-rechtfertigt-razzia-in-schwulem-sexclub.html (Meldung vom 26.12.2018); Stefan Hochgesand, Krach um Bumsbars: Feldzug gegen schwule Darkrooms in Schöneberg, https://www.zitty.de/feldzug-gegen-schwule-darkrooms-in-schoeneberg/ Meldung vom 26.12.2018).

30 Groddeck 2018 [1923] (Anm. 23), S. 42.

31 Abbildung nach Erwin J. Haeberle, Alfred C. Kinsey als Homosexualitätsforscher, http://www.sexarchive.info/GESUND/ARCHIV/DEUTSCH/kinsey.htm (Meldung vom 27.12.2018).

32 Ebd.

33 Vgl. etwa für die BRD Verena Stefan, Häutungen. Autobiografische Aufzeichnungen. Gedichte, Träume, Analysen, München 1975.

34 Konrad Weller, Partner 4 – Sexualität & Partnerschaft ostdeutscher Jugendlicher im historischen Vergleich (Handout zum Symposium an der HS Merseburg am 23. Mai 2013), Merseburg 2013.

35 Vgl. zu den USA https://today.yougov.com/news/2015/08/20/third-young-americans-exclusively-heterosexual/ (Meldung vom 26.12.2018); vgl. zu Großbritannien https://yougov.co.uk/news/2015/08/16/halfyoung-not-heterosexual/ (Meldung vom 26.12.2018); vgl. zu Deutschland Christoph Drösser & Holger Geißler, Wir Deutschen und die Liebe: Wie wir lieben. Was wir lieben. Was uns erregt, Hamburg 2017.

36 Drösser & Geißler (2017) (Anm. 35), S. 190; n = 2036 Befragte. Die an 100% fehlenden Anteile werden auf Angaben »weiß nicht« zurückzuführen sein – das ist im Buch nicht genannt.

37 Vgl. Elisabeth Tuider, Sichtweisen auf sexualisierte Gewalt und sexualisierte Grenzüberschreitungen unter Jugendlichen, in: Doris Bardehle, Heinz-Jürgen Voß, Theodor Klotz, Bettina Staudenmeyer & Stiftung Männergesundheit Dritter deutscher Männergesundheitsbericht, Sexualität von Männern, hg. von, Gießen 2017, S. 361-374.

38 Martin Dannecker, Der Homosexuelle und die Homosexualität, Hamburg 1991 [Erstausgabe 1978], S. 61.

39 Ebd., S. 60f.

40 Ebd., S. 65.

41 Ebd., S. 60.

42 Ebd., S. 65.

43 Patsy l'Amour laLove, Selbsthass & Emanzipation: Das Andere in der heterosexuellen Normalität, in: dies., Selbsthass & Emanzipation. Das Andere in der heterosexuellen Normalität, Berlin 2016, S. 11-33, hier: S. 13.

44 Ebd., S. 15.

45 Benedikt Wolf, Heterosexueller Selbsthass?, in: Patsy l'Amour laLove (Hg.), Selbsthass & Emanzipation. Das Andere in der heterosexuellen Normalität, Berlin 2016, S. 58-64, hier: S. 61.

46 Martin Dannecker, Die Schamgrenzen überwinden: ein Gespräch über Lust, Sex, Scham und Hass (geführt von Patsy l'Amour laLove), in: Patsy l'Amour laLove (Hg.), Selbsthass & Emanzipation. Das Andere in der heterosexuellen Normalität, Berlin 2016, S. 34-47, hier: S. 36.

47 Ebd., S. 39.

48 Ebd., S. 38.

49 Vgl. o.A., Out! 2007, https://web.archive.org/web/20080118011642/http://www.thirteen.org/pressroom/release.php?get=2475 (Meldung vom 27.12.2018); vgl. Lawrence »Larry« Nelson, Brenda Howard, Bisexual Activist, and my Earthgirl, http://www.brendahoward.org/ (Meldung vom 27.12.2018).

50 Vgl. zum Aktivismus Bisexueller etwa Francis Hüsers, Eine Schublade gegen die Angst, in: Agnes Frei & Christoph Klemke (Hg.), Lieb doch die Männer und die Frauen. Bisexualität – der zweite siebte Himmel?, hg. von, Reinbek 1989, S. 85-89 oder Jay Paul, San Franciosco »Bisexual Center« und der Beginn der Bisexuellenbewegung, in: Erwin J. Haeberle & Rolf Gindorf (Hg.), Bisexualitäten: Ideologie und Praxis des Sexualkontaktes mit beiden Geschlechtern, Stuttgart 1994, S. 156-165.

Kim Ritter: Typische Anerkennungskonflikte in den Lebensgeschichten bisexueller Menschen

1 Vgl. Kim Ritter, »Dieses Gefühl irgendwie so'n Zuhause gefunden zu haben.« Biografische Konstruktionen von Bisexualität im Kontext monosexueller Ordnung, in: Bundesstiftung Magnus Hirschfeld (Hg.), Forschung im Queerformat. Aktuelle Beiträge der LSBTI*-, Queer- und Geschlechterforschung, Bielefeld 2014, S. 199-214; Eva Kemler, Martina Löw & Kim Ritter, Bisexualität als Überschuss sexueller Ordnung. Eine biografieanalytische Fallstudie zur sexuellen Selbstwerdung, in: Sven Lewandowski & Cornelia Koppetsch (Hg.), Sexuelle Vielfalt und die UnOrdnung der Geschlechter. Beiträge zur Soziologie der Sexualität, Bielefeld 2015, S. 184-218.

2 Bei allen verwendeten Namen handelt es sich um Pseudonyme.

3 Tanja Weber (TW), Interviewtranskript. Die soziale Ordnung des Sexuellen. Rekonstruktion der erzählten Lebensgeschichte von Bisexuellen, Darmstadt 2011, 32/27-31.

4 Vgl. Robyn Ochs, Biphobia. It Goes More Than Two Ways, in: Beth A. Forestein (Hg.), Bisexuality. The Psychology and Politics of an Invisible Minority, Thousand Oaks 1996, S. 217-239.

5 Ebd., S. 222.

6 Vgl. Clare Hemmings, Bisexual Spaces. A Geography of Sexuality and Gender, New York 2002.

7 Transgeschlechtliche und nicht-binäre Geschlechtsidentitäten wurden bei dieser Fragestellung nicht gesondert erhoben.

8 Vgl. Agentur der Europäischen Union für Grundrechte, LGBT-Erhebung in der EU. Erhebung unter Lesben, Schwulen, Bisexuellen und Transgender-Personen in der Europäischen Union. Ergebnisse auf einen Blick, Luxemburg 2014, S. 16.

9 Ebd., S. 21.

10 Ebd., S. 18.

11 Vgl. Dominic Frohn & Florian Meinhold, Spezifika der Arbeitssituation von bisexuellen Beschäftigten in Deutschland auf Grundlage von qualitativen Interviews mit bisexuellen (Alltags-)Experten_innen, Köln 2016.

12 Vgl. Anne Bachmann & Lela Lähnemann, Lebenssituationen und Diskriminierungserfahrungen schwuler und bisexueller Männer, Berlin 2014, S. 7f.

13 Vgl. Ochs 1996 (Anm. 4); Udis Kessler, Present Tense. Biphobia as a Crisis of Meaning, in: Loraine Hutchins & Lani Kaahumanu (Hg.), By any other Name. Bisexual People Speak Out, Boston 1991, S. 350-358; Allison Eady, Cheryl Dobinson & Lori E. Ross, Bisexual People's Experiences with Mental Health Services. A Qualitative Investigation, in: Community Mental Health Journal 47 (2011), S. 378-389; Marjorie B. Garber, Vice versa. Bisexuality and the eroticism of everyday life, New York 1995, S. 39; Christian Klesse, Weibliche bisexuelle Nicht-Monogamie, Biphobie und Promiskuitätsvorwürfe, in: Jutta Hartman, Christian Klesse, Peter Wagenknecht, Bettina Fritzsche & Kristina Hackmann (Hg.), Heteronormativität. Empirische Studien zu Geschlecht, Sexualität und Macht, Wiesbaden 2007, S. 291-307; Paula C. Rodríguez Rust, Bisexuality in the United States, New York 2000, S. 412f.

14 Vgl. Fritz Schütze, Die Technik des narrativen Interviews in Interaktionsfeldstudien: dargestellt an einem Projekt zur Erforschung von kommunalen Machtstrukturen, Bielefeld 1977; Fritz Schütze, Biographieforschung und narratives Interview, in: Neue Praxis 13 (1983), S. 283-293; Gabriele Rosenthal, Erlebte und erzählte Lebensgeschichte. Gestalt und Struktur biographischer Selbstbeschreibungen, Frankfurt a.M. 1995, S. 186ff.

15 Vgl. Kemler 2015 (Anm. 1); Ritter 2014 (Anm. 1).

16 Vgl. Nancy Fraser, Heterosexism, Misrecognition and Capitalism. A Response to Judith Butler, in: Social Text 228 (1997), S. 279-289, hier: S. 280.

17 Vgl. Axel Honneth, Umverteilung als Anerkennung. Eine Erwiderung auf Nancy Fraser, in: Nancy Fraser & Axel Honneth (Hg.), Umverteilung oder Anerkennung? Eine politisch-philosophische Kontroverse, Frankfurt a.M. 2003, S. 129-224.

18 Ebd., S. 162, 186.

19 Ebd., S. 168f.

20 Ebd., S. 139.

21 Vgl. Antidiskriminierungsstelle des Bundes, Einstellungen gegenüber Lesben, Schwulen und Bisexuellen in Deutschland. Ergebnisse einer bevölkerungsrepräsentativen Befragung, Berlin 2017, S. 3.

22 TW 2011 (Anm. 3), 32/29-30.

23 Vgl. Ken Plummer, Telling Sexual Stories. Power, Change and Social Worlds, London 1994, S. 88.

24 Vgl. Ochs 1996 (Anm. 4), S. 217.

25 TW 2011 (Anm. 3), 32/30-31.

26 Ebd., 32-33/38-1.

27 Vgl. dazu auch Sarah A. Marrs & A. Renee Staton: Negotiating Difficult Decisions. Coming Out versus Passing in the Workplace, in: Journal of LGBT Issues in Counseling 10 (2016), S. 40-54, hier: S. 41.

28 Vgl. dazu Kristin S. Scherrer, Emily Kazyak & Rachel Schmitz, Getting »Bi« in the Family: Bisexual People's Disclosure Experiences, in: Journal of Marriage and Family 77 (2015), S. 680-696, hier: S. 682.

29 Torsten Nowak (TN), Interviewtranskript. Die soziale Ordnung des Sexuellen. Rekonstruktion der erzählten Lebensgeschichte von Bisexuellen, Darmstadt 2011, 5/15-31.

30 Ochs 1996 (Anm. 4), S. 217.

31 Vgl. dazu auch Scherrer, Kazyak & Schmitz 2015 (Anm. 28), S. 683.

32 Manfred Schäfer (MS), Interviewtranskript: Transkript. Die soziale Ordnung des Sexuellen. Rekonstruktion der erzählten Lebensgeschichte von Bisexuellen, Darmstadt 2011, MS, 33/31-46.

33 Vgl dazu auch Frohn & Meinhold 2016 (Anm. 11); Klesse 2007 (Anm. 13).

34 TW 2011 (Anm. 3), 32/39.

35 Ebd., 32/41.

36 MS 2011 (Anm. 32), 33/36.

37 Vgl. Nancy Fraser, Soziale Gerechtigkeit im Zeitalter der Identitätspolitik. Umverteilung, Anerkennung und Beteiligung, in: dies. & Axel Honneth (Hg.), Umverteilung oder Anerkennung? Eine politisch-philosophische Kontroverse, Frankfurt a. M. 2003, S. 14-128, hier: S. 25.

38 Vgl. Kenji Yoshino The Epistemic Contract of Bisexual Erasure, in: Stanford Law Review 52 (2000), S. 353-461, hier: S. 388.

39 Vgl. dazu Marrs & Staton 2016 (Anm. 27), S. 41.

40 Ochs 1996 (Anm. 4), S. 217.

Hirschfeld-Lectures
im Wallstein Verlag

1 Dagmar Herzog: Paradoxien der sexuellen Liberalisierung

2 Andreas Kraß: »Meine erste Geliebte«. Magnus Hirschfeld und sein Verhältnis zur schönen Literatur

3 Thomas Bauer, Bertold Höcker, Walter Homolka, Klaus Mertes: Religion und Homosexualität. Aktuelle Positionen

4 Jeffrey Weeks: Sexuelle Gleichberechtigung. Gender, Sexualität und homosexuelle Emanzipation in Europa

5 Claudia Breger: Nach dem Sex? Sexualwissenschaft und Affect Studies

6 Robert Beachy: »Ich bin schwul«. W. H. Auden im Berlin der Weimarer Republik

7 Norman Domeier, Rainer Nicolaysen, Maria Borowski, Martin Lücke und Michael Schwartz: Gewinner und Verlierer. Beiträge zur Geschichte der Homosexualität in Deutschland im 20. Jahrhundert

8 Raimund Wolfert: Homosexuellenpolitik in der jungen Bundesrepublik. Kurt Hiller, Hans Giese und das Frankfurter Wissenschaftlich-humanitäre Komitee

9 Elisabeth Tuider, Martin Dannecker: Das Recht auf Vielfalt. Aufgaben und Herausforderungen sexueller Bildung

10 Thomas Sattelberger: Vielfalt statt Einfalt. Für Offenheit und Pluralismus streiten

11 Sabine Hark: Koalitionen des Überlebens. Queere Bündnispolitik im 21. Jahrhundert

12 Gisela Wolf: Substanzgebrauch bei Queers. Dauerthema und Tabu